中国の省・自治区

※22省(台湾をのぞく) 5

地名の下の( )内は、

俄罗斯联邦
ロシア連邦

蒙古国
モンゴル国

ヘイロンチャン
Hēilóngjiāng Shěng
黒龙江省
(黑)

ネィ モンダー
Nèi Měnggǔ Zìzhìqū
内蒙古自治区
(内蒙)

チーリン
Jílín Shěng
吉林省
(吉)

ベイチン
Běijīng Shì
北京市
(京)

リャオニン
Liáoníng Shěng
辽宁省
(辽)

朝鮮民主主義
人民共和国

ニンシャ ホェイズー
Níngxià huízú Zìzhìqū
宁夏回族自治区
(宁)

ティエンチン
Tiānjīn Shì
天津市
(津,沽)

大韓民国

シャンシー
Shānxī Shěng
山西省
(晋)

ホーベイ
Héběi Shěng
河北省
(冀)

シャンドン
Shāndōng Shěng
山东省
(鲁)

シャンシー
Shǎnxī Shěng
陕西省
(陕,秦)

ホーナン
Hénán Shěng
河南省
(豫)

チャンスー
Jiāngsū Shěng
江苏省
(苏)

チョンチン
Chóngqìng Shì
重庆市
(渝)

フーベイ
Húběi Shěng
湖北省
(鄂)

アンホェイ
Ānhuī Shěng
安徽省
(皖)

シャンハイ
Shànghǎi Shì
上海市
(沪,申)

チョーチャン
Zhèjiāng Shěng
浙江省
(浙)

グェイチョウ
Guìzhōu Shěng
贵州省
(贵,黔)

フーナン
Húnán Shěng
湖南省
(湘)

チャンシー
Jiāngxī Shěng
江西省
(赣)

フーチェン
Fújiàn Shěng
福建省
(闽)

グァンシー チュアンズー
Guǎngxī Zhuàngzú Zìzhìqū
广西壮族自治区
(桂)

グァンドン
Guǎngdōng Shěng
广东省
(粤)

タイワン
Táiwān
台湾
(台)

南
ナム

シャンガン
Xiānggǎng 香港(港)
アオメン ホンコン
Àomén 澳门
マカオ (澳)

ハイナン
Hǎinán Shěng
海南省
(琼)

菲律宾
フィリピン

増補改訂版

まずはここから！
やさしい中国語
カタコト会話帳

李 穎 著　楊 為夫 監修
リー・イン　　ヤン・ウェイフー

ダァ ジャー ハオ
大家好
（みなさん　こんにちは）

カタコトでも通じれば中国旅行は何倍も楽しくなる
～著者まえがき

　中国と日本は、海をへだてた隣国どうし。いまをさかのぼること2000年以上も前から、両国は密接な関係を築いてきました。まさに「2000年来の友邦」であるわけです。

　しかも近年は、両国間の距離が経済的にも、また個人のレベルにおいても、かつてないほど狭まりつつあります。国境をまたいで行き来する人の数も年々増加しており、とくに最近は観光だけでなく、ビジネス面での交流が盛んです。ビジネス・スキルとしての必要性から両国の若者のあいだでは、日本人は中国語を、中国人は日本語を学ぼうという気運が高まりつつあります。

　ここで中国語について、すこしふれておきます。中国には現在、50を超える民族がおり、国内の各民族はそれぞれの言語をもっています。同じ中国人でも通じないということもしばしばです。それでは困るということで、中国では「普通話(プウトンホワ)」と呼ばれる共通語としての中国語を、国家レベルで普及・定着させてきました。本書で扱うのは、この共通語としての中国語です。

　外国語を学ぶことは、その国の習慣・文化などを学ぶことにもつながります。日本の方にとって中国語は、漢字という共通の文化があるので学びやすいことばです。右にも書いたように、発音はむずかしいかもしれませんが、まずは失敗をおそれずにカタコトからはじめてください。カタコトでも通じれば中国旅行は何倍も楽しくなるはずです。

　2008年の北京オリンピック、2010年の上海万博などの開催を経て近年は「政冷経熱」などと言われていますが、今後も両国間の交流は拡大していくでしょう。2004年の刊行以来、版を重ねてご愛顧いただいた旧版を、このたび増ページし、改訂する運びとなりました。本書がみなさまにとって中国語に親しむきっかけとなれば、著者として望外の喜びです。

李　穎（リー・イン）

声調について

よく「中国人は歌うようにしゃべる」と言われたりします。これは、中国語で使われる漢字の発音に、かならず音階のような高低の変化があるからです。この中国語独特のイントネーションを「声調」と言っています。4種類のイントネーションがあるので「四声」と呼ばれています。たとえば、「ma（マ）」という音でみてみましょう。

第1声	第2声	第3声	第4声
【高→高】	【低→高】	【低→低】	【高→低】
→	↗	⌣	↘
mā	má	mǎ	mà
妈	麻	马	骂
（お母さんのマ）	（植物の麻のマ）	（動物の馬のマ）	（ののしるのマ）

上のように、声調をまちがえると、まったくちがう意味の漢字になってしまうのです。ですから、日本人にとって中国語は、漢字を使っている点では学びやすいとも言えるのですが、話したりきいたりするうえでは、声調がある点で、なかなかむずかしいことばであると言えるかもしれません。

なお、四声のほかに、「ˉ」「ˊ」「ˇ」「ˋ」といった声調記号がついていない「軽声」と呼ばれるものもあります。軽声は単独では登場せず、その前の音に軽くそえる感じで短く発音します。「ma（マ）」という音で言うと、「〜ですか？」という疑問文をつくるときの「〜吗？」が軽声です。

ピンインについて

上の表の「ma（マ）」のように、アルファベットに声調記号（ˉ・ˊ・ˇ・ˋ）をつけてあらわしたものを「ピンイン」と呼んでいます。語学として本格的に中国語を学ぶときには、この「ピンイン」が不可欠です。というのも、中国語の本来の発音は、日本語の「かな」だけでは、とうていあらわしきれないからです。

もし、中国語の正確な発音を修得するなら、はじめからピンインに慣れ親しむ必要があるのですが、本書は入門書としての位置づけから、中国語の単語やフレーズにカタカナの読みルビをふっています。初心者の方は、とりあえずカタカナで発音してみてください。

もくじ

著者まえがき	002
声調について・ピンインについて	003
まずは、基本的なあいさつから	006
別れぎわのあいさつ	008
「いいお天気ですね」	010
初対面のあいさつ	012
あいさつにも使える「お決まり四字熟語」	018
旅先で使えるかもしれない「お決まり格言」	020
久しぶりに再会した人とのあいさつ	022
顔見知りどうしのあいさつ	024
いろいろな「ありがとう」	026
「お世話になりました」	028
「ごめんなさい」と「すみません」	030
ちょっと話しかけたいときの「すみません」	032
相手に呼びかけるときの言い方	034
「はい」「いいえ」は、はっきりと！	036
中国で一度は耳にするフレーズ	038
カタコト・コミュニケーションの必須フレーズ	040
「トイレに行きたい」	042
もしものときの、とっさのひとこと	044
困ったことになりました	046
いろいろな「だいじょうぶ」	048
物をさすときの「こ・そ・あ・ど」ことば	050

項目	ページ
場所をさすときの「こ・そ・あ・ど」ことば	052
人をさすことば	054
敬称つきで相手の名前を呼ぶとき	058
日本と中国の20大姓	062
空港で	064
両替所で	070
数字と金額の数え方	074
いろいろな人民元	075
ホテルで	076
電話をかける	084
観光する	088
交通機関を利用する	096
タクシーを利用する	098
方向・方角	100
レストランや食堂で	102
ショッピング	122
薬局・病院で	132
いよいよ帰国	140
いろいろ使える基本文	142
いろいろ使えるカタコトフレーズ	152
カタコト・ラブラブ・フレーズ	158
相手のことをたずねるフレーズ	166
家族・親族に関することば	172
簡体字の例	174

まずは、基本的なあいさつから

人に会ったら、まずあいさつ

こんにちは。

「ニィハオ」だけでもいいけど、朝だけに使うあいさつも覚えよう

おはよう（ございます）。

夜の場合は「ニィハオ」のかわりに、このあいさつを使ってもOK

こんばんは。

Nǐ hǎo
ニィ ハオ
你 好.

「你好(ニィハオ)」は朝昼晩いつでも使えるあいさつです。「你」の下に心がついた「您好(Nín hǎo).」だと、よりていねいな「こんにちは」になります。先生など目上の人には「您好」を使いましょう。

Zǎo shang hǎo
ヅァオシャン ハオ
早上 好.

「早上(ヅァオシャン)」で「朝」という意味だよ。
英語にすれば「Good morning.」です。

Wǎn shang hǎo
ワン シャン ハオ
晚上 好.

「晚上(ワンシャン)」で「夜」という意味だよ。
英語にすれば「Good evening.」です。

別れぎわのあいさつ

別れぎわのあいさつ

さようなら。

あしたまた会う人に言う別れぎわのあいさつ

またあした。

寝る前の、あるいは
夜遅く人と別れるときのあいさつ

おやすみなさい。

Zài　jiàn
ヅァイ　ジエン
再　见．

文字どおり「また会いましょう」というニュアンス。
英語にすれば「See you again.」ってところでしょうか。

Míng tiān　jiàn
ミンティエン　ジエン
明天　见．

「明天」は「あした」。直訳すれば「あした会いましょう」。
英語だと「See you tomorrow.」です。

Wǎn　ān
ワン　アン
晚　安．

読んで字のごとし。
「安らかに夜をお過ごしください」というニュアンスだね。

「いいお天気ですね」

会ったときに天気の話をするのは万国共通？

きょうは、ほんとうにいいお天気ですね。

さわやかな青空を見上げながら言おう

きょうは天気がよくて、気持ちいいですね。

ふきでる汗をぬぐいながら言おう

きょうは暑いですね。

Jīntiān de tiānqì zhēn hǎo a
ジンティエン ダ ティエンチー ヂェン ハオ ア

今天的天气 真好啊.

ちょっと長かったかな？「今天」は「きょう」、「天气」は「天気」。
中国と日本では漢字が微妙にちがうね。文末の「啊」は文末に軽く
そえるように発音して、「〜ですね」「〜だね」という感じをだすよ。

Jīntiān tiānqì hěn hǎo hěn shūfu a
ジンティエン ティエンチー ヘン ハオ ヘン シューフ ア

今天天气 很好, 很舒服啊.

「舒服」は「気持ちがいい」という形容詞。その前の
「很」は「とても」という意味の副詞。英語なら「very」です。
中国語では「とても」という意味がなくても「很」を多用します。

Jīntiān hěn rè a
ジンティエン ヘン ルォー ア

今天 很 热 啊.

「きょうは寒いですね。」なら「今天很冷（lěng）啊.」、
「きょうは涼しいですね。」なら「今天很凉快（liángkuai）啊.」です。

※「热」は「熱」の簡体字

初対面のあいさつ ❶

英語なら「How do you do?」だね

はじめまして。

慣れない旅先でいろいろお世話になる方に

どうぞよろしくお願いします。

「よろしくお願いします」と言われたときは……

こちらこそ、よろしくお願いします。

Chū cì jiàn miàn
チュー ツー ジエン ミエン
初次见面.

初対面のときも中国人は「你好」であいさつするので、中国人どうしではあまり使いませんが、最近は日本の方の影響で、この「初次见面」も耳にします。「初次」は「はじめて」という意味です。

Qǐng duō duō guānzhào
チン ドゥオ ドゥオ グワンヂャオ
请多多关照.

ビジネスライクで、かしこまった感じのあいさつです。これも中国人どうしではあまり使いませんが、日本の方がよく使うので、一般的になりつつあります。ちなみに「关」は「関」の簡体字。

Yě qǐng nín duō duō guānzhào
イェ チン ニン ドゥオ ドゥオ グワンヂャオ
也请您多多关照.

「也」は「〜も」という意味。
ここでは「こちらこそ」というニュアンスで使っています。

初対面のあいさつ ❷

> はじめて会う人と握手しながら……

お会いできて、うれしいです。

> はじめて会う人と。
> 上よりすこしあらたまった感じ

お会いできて光栄です。

> 黒い髪、黒い瞳、見た目は
> 中国人とそっくりだけど……

わたしは日本人です。

Néng　jiàn　dào　nǐ　　hěn　gāoxìng
(ノン)　ジエン　ダオ　ニイ　　ヘン　ガオ シン

(能)见到你, 很高兴.

英語なら「I'm glad to see you.」といったところ。「高兴」は「うれしい」という意味の形容詞。「兴」は「興」という字の簡体字です。はじめの「能」は「〜できる」という助動詞。はぶいても通じるよ。

Néng　jiàn　dào　nín　　hěn　róngxìng
(ノン)　ジエン　ダオ　ニン　　ヘン　ロン シン

(能)见到您, 很荣幸.

英語なら「Nice to meet you.」でしょうか。「荣幸」のかわりに「光荣（guāng róng）」を使っても同じ意味になるよ。

Wǒ　　shì　　Rìběnrén
ウォ　　シー　　リーベンレン

我 是 日本人.

日本の方にとって使用頻度が高いのに、この「我是日本人」は発音の超難関。ピンイン記号（ローマ字）の「sh-」と「r-」の箇所では、舌を軽く巻き上げつつ、その音を発音してみてください。

初対面のあいさつ ❸

名刺を出しながら自己紹介

わたしの名前は
山本一郎です。

相手の名前をきくとき

あなたの名前は
何と言いますか？

ていねいに相手の名前をきくとき

あなたのお名前は
何とおっしゃいますか？

Wǒ　jiào　Shānběn　Yīláng
ウォ　ジャオ　シャンベン　イーラン
我 叫 山本 一郎.

「叫」は日本語だと「さけぶ」ですが、中国語では「我叫〜.」で「わたし(の名前)は〜です。」という意味になります。
日本語の名前はふつう、漢字を中国語の発音でよみます。

Nǐ　jiào　shénme　míngzi
ニィ　ジャオ　シェンマ　ミンズ
你 叫 什么 名字？

「什么」は「どんな」「なに」という意味の疑問詞。
英語なら「what」です。実際は「シェマ」と言ったほうが伝わるよ。
もっと短く「你姓（xìng）什么？」と言ってもOK。

Nín　guì　xìng
ニン　グイ　シン
您 贵 姓？

まえに説明したように、「您」は「你」のていねいな言い方です。
さらに尊敬の意味をこめて「姓」のまえに「贵」を入れて、
「お名前は？」というニュアンスになっているんですね。

あいさつにも使える「お決まり四字熟語」

新年の定番あいさつ
明けましておめでとう！

相手をはげますひとことにも
きっと全部うまくいく！

これも年賀でよく使う
お金持ちに
なれますように！

旅人の安全を願うあいさつ
道中どうぞご無事で！

ご光臨（ご来訪）を歓迎します
いらっしゃいませ！

Xīn nián kuài lè
シンニェン クゥィラー
新年 快乐！

「快乐」で「おめでとう」。日本の漢字で書けば「快楽」です。
「お誕生日おめでとう」なら「生日（shēngrì）快乐」。

Wàn shì rú yì
ワンシー ルーイー
万事 如意！

直訳すれば「万事、意のごとく」。年賀状や手紙の最後に
一筆そえるときなどによく使われる定番フレーズです。

Gōng xǐ fā cái
ゴンシー ファーツァイ
恭喜 发财！

「お金に困らないようになりたい」のはみんなの願い。
とはいえ、いかにも中国らしいストレートなあいさつ。

Yí lù shùn fēng
イールー シュェンフォン
一路 顺风！

フランス語なら「ボン・ボヤージ」。似た言葉に「顺風」を
「平安」に換えた「一路平安（píng'ān）」も（155ページ参照）。

Huān yíng guāng lín
ホヮンイン グヮンリン
欢迎 光临！

旅先で言われたり、見かけたりするこの言葉ですが、最近は
爆買いツアーの中国人観光客に言うことのほうが多いかも。

旅先で使えるかもしれない「お決まり格言」

この目で見たいのです

百聞は一見にしかず

始めないことには始まらない

千里の道も一歩から

前向きになれる格言

失敗は成功のもと

勇気や決断が必要なときに

案ずるより産むが易し

三国志の英雄が出てくる成語

噂をすれば影(がさす)
(曹操を語れば、曹操があらわれる)

Bǎi wén bù rú yí jiàn
バィ ウェン ブー ルー イー ヂェン
百闻不如一见.

ガイドブックや人の説明をいろいろ聞くより、
やはり自分の目で実物を見たい。これぞ旅の醍醐味です。

Qiān lǐ zhī xíng　　shǐ yú zú xià
チェン リィ ヂー シン　　シー ユィ ズー シァ
千里之行，始于足下.

「千里の旅の道のりも、足下の（一歩から）始まる」。
新しいことを始めたり、旅に出たりしたくなることば。

Shībài　shì chéng gōng zhī mǔ
シー バィ シー チョン ゴン ヂー ムゥ
失败是成功之母.

人生も旅も失敗の連続。次に生かせばいいのです。
同じ失敗を繰り返すのはまずいけどね。

Chē dào shān qián bì yǒu lù
チョー ダォ シャン チェン ビー ヨゥ ルー
车到山前必有路.

「車が山の前にたどり着けば、必ず道があるものだ」。
困ったときの助け船も、旅の醍醐味かもしれません。

Shuō Cáo Cāo　　Cáo Cāo jiù dào
シュォ ツァオ ツァオ　　ツァオ ツァオ ヂゥ ダォ
说曹操，曹操就到.

旅先でズバリ使えるフレーズじゃないけど、覚えておくと
中国人との筆談などで相手をびっくりさせられるかも。

久しぶりに再会した人とのあいさつ

> これは中国人どうしでもよく使うよ

おひさしぶりです。

> あいさつのあとに、相手のからだを気づかって

お元気ですか？

> 「お元気ですか？」ときかれたら

おかげさまで元気です。

Hǎo jiǔ bú jiàn
ハオ ジウ ブー ジエン

好久不见.

「好久」は「長い間」という意味。直訳すると「長いこと会ってませんでしたね」、つまり「ひさしぶり」「ごぶさた」というあいさつです。「好久没（méi）见」と言っても通じます。

Nǐ shēntǐ hǎo ma
ニイ シェンティ ハオ マ

你身体好吗？

直訳すると「あなたのからだはよいですか？」です。「調子はどう？」といったニュアンスでよく使われます。

Tuō nín de fú hěn hǎo
トゥオ ニン ダ フー ヘン ハオ

托您的福, 很好.

もっと簡単に「很好, 谢谢（xièxie）.」（=元気です、ありがとう。）でもOK。日本では「おかげさまで〜」という言いまわしをよく耳にしますが、中国語では「托你的福, 〜」。「托福, 托福, 〜」とも。

顔見知りどうしのあいさつ

親しい人どうしではこんなあいさつも

最近はどう？

かつては親しい人どうしでこんなあいさつも

メシくったか？

最近はこのフレーズをよく耳にします

（最近は）お忙しいですか？

Zuìjìn　　zěnmeyàng
ヅェイジン　ザンマヤン
最近 怎么样？

「怎么样(ザンマヤン)」は「どのように」という疑問詞。上のようにきかれたら、たとえば、こんなふうにこたえます。「最近工作(ヅェイジンゴンヅォ)（gōngzuò）太(タイ)忙(マン)（mǎng）了(ラ).」（＝ここんとこ、仕事がチョー忙しいんだ。）

Chīfàn　　le　　ma
チーファン　ラ　マ
吃饭 了 吗？

中国が貧しかったころ使われたあいさつですが、最近はあまり耳にしなくなりました。「吃饭(チーファン)」で「食事をする」という意味。「chi」は舌を巻き上げながら「チー」と勢いよく発声してね。

Zuìjìn　　máng　　ma
（ヅェイジン）　マン　マ
（最近）忙 吗？

成長いちじるしい現代中国、みな仕事に大忙しなんでしょうか。最近はこのフレーズがあいさつがわりに。「很忙(ヘンマン).」（＝忙しいです。）とか、「太忙了(タイマンラ).」（＝忙しすぎです。）などとこたえます。

いろいろな「ありがとう」

> 慣れない旅先で、親切な人に助けられました

ありがとう。

> もうすこし感謝の気持ちをこめたいときは……

ありがとうございます。

> もっと感謝の気持ちをこめて
> お礼を言いたいときは……

たいへん
ありがとうございます。

Xiè xie
シエ シエ
谢谢.

中国語を勉強したことがない人にも知られている
超有名フレーズです。発音するときは、
はじめの「シ」を強く発音するようにしましょう。

Xiè xie nǐ
シエ シエ ニィ
谢谢你.

「你」をつけるだけで、すこしていねいな「ありがとう」に
なります。「谢谢」と「谢谢你」は、英語の
「Thanks.」と「Thank you.」の関係に似ているわけです。

Tài gǎnxiè nín le
タイ ガンシエ ニン ラ
太感谢您了.

たとえば、なくした財布を届けてくれた人に感謝するときなどに。
英語ならさしずめ「Thanks a lot.」「Thank you very much.」ですね。
「太～了」で「とても～だ」という意味になります。

「お世話になりました」

感謝の気持ちをこめて言おう

お手数おかけしました。

感謝の気持ちをこめて言おう

お世話になりました。

「谢谢」と言うと、
たいがい相手はこう言います

どういたしまして。

Máfan nín le Xièxie

マー ファン ニン ラ シエ シエ

麻烦 您 了. 谢谢.

「麻烦」は「わずらわす」という意味の動詞です。
相手が2人以上のときは「你们（nǐmen）」(＝あなたたち) に
変えて「麻烦你们了」と言おう。

Xièxie nǐ de zhàogù

シエ シエ ニィ ダ ヂャオグゥ

谢谢 你 的 照顾.

仏教のことばに「照顧脚下」(＝足もとをちゃんと見なさい)
ということばがあるけど、この場合の「照顾」は、
「配慮」「気くばり」という意味。

※「顾」は「顧」の簡体字

Bú kèqi

ブー クォー チ

不 客气.

字づらをそのまま訳せば「客のような気づかいは不用です」。
つまり、「遠慮するな」「気にしないで」というニュアンスです。
「别（Bié）客气」「不用谢（Bú yòng xiè）」もよく使われます。

「ごめんなさい」と「すみません」

キョロキョロしながら歩いていたら、人に肩がぶつかっちゃった

ごめんなさい。／すみません。

相手のことばが理解できませんでした

すみません、わかりません。

相手のことばがよくきこえなかったときに

すみません、（きこえなくて）わかりません。

Duì bu qǐ
ドェイ ブ チィ
对不起.

とっさのひとこととして絶対覚えておきたいフレーズ。
ちょっと謝るときだけでなく、だれかに
「ちょっとすみません……」と話しかけるときにも使えます。

Duì bu qǐ　　wǒ　tīng bu dǒng
ドェイ ブ チィ　ウォ ティン ブ ドン
对不起, 我 听不懂.

「听(ティン)」は「耳できく」、「懂(ドン)」は「わかる」という意味。
「听不懂(ティンブドン)」で「きいて、わからない」ということです。ちなみに
「听」という字は、日本式の漢字では「聴」という字になります。

Duì bu qǐ　　wǒ　tīng bu qīngchu
ドェイ ブ チィ　ウォ ティン ブ チン チュ
对不起, 我 听不清楚.

「清楚(チンチュ)」は日本語の「清楚(せいそ)」とは意味あいがちがって、「はっきり
している」の意。「听不清楚」で「はっきりきこえず、わからない」。
上の「きこえたが理解できない」の「听不懂」と区別してね。

ちょっと話しかけたいときの「すみません」

道をたずねるときなどに、
相手に切りだすひとこと

すみません
（ちょっとおたずねします）。

こんな "切りだし" フレーズもあります

すみませーん。

これもいろんな場面で使えます

ちょっと
お邪魔いたしますが……

Qǐng wèn
チン ウェン
请问.

英語の「Excuse me.」と「Can I ask you?」を足して二で割った感じでしょうか。店員さんや道ばたの人を呼び止める表現。

Láo jià
ラオ ジャア
劳驾.

食堂で店員さんを呼ぶときや、満員バスで人をかきわけて降りようとするときにも使えます。ていねいに言うなら「劳您驾(ラオ ニンジャア)」。

Dǎjiǎo nín yíxià
ダァジャオ ニン イーシャア
打搅您一下.

「打搅」のかわりに「打扰(ダァラオ dǎrǎo)」でもOKです。

相手に呼びかけるときの言い方

食堂などで。今はあまり使われなくなったけど※
店員さんが女性なら、これが使えます

ちょっと、おねーさん。

※水商売の女性をイメージする人が多いため

市場の売り子のおばさんや、
道ばたのおじさんに呼びかけるとき

おばさーん。／おじさーん。

不特定多数の人や
居合わせた人たちに呼びかけるとき

みなさーん。

※姓のあとにつけて女性を呼ぶ「王(ワン)小姐」「李(リー)小姐」といった言い方は今もよく使います。

Xiǎojiě
シャオジエ
小姐.

「小姐」は「お嬢さん」の意味。
この「小姐」のように「ˇˇ」と第3声が連続する場合、
実際には「´ˇ（第2声＋第3声）」で発音します。

Ā yí　　Shū shu
アー イー　シューシュ
阿姨. ／ 叔叔.

もともとは血のつながったおばさん、おじさんに使う
ことばだったけど、そうでない人にも使うようになりました。
子どもがよく使うよ。

Dà jiā
ダァ ジャー
大家.

「大家」と書いてもアパートの大家さんじゃありません。
中国語で「大家」は「みんな」「みなさん」という意味。「大家好(ダァジャーハオ)！」
なら「みなさん、こんにちは」という決まり文句になるよ。

035

「はい」「いいえ」は、はっきりと！

「イエス・ノー」は、はっきり言いましょう

**はい（そうです）。／
いいえ（ちがいます）。**

「これ、いるか？」ときかれたら

ほしいです。／いりません。

「わかった？」ときかれたら

**わかりました。
／わかりません。**

Shì　　　　Bú　shì
シー　　　　ブー　シー
是．／不　是．

「是．」のかわりに「对．」(Duì)、
「不是．」のかわりに「不对．」(Bú duì) もよく使われます。

Wǒ　　yào　　　　Bú　　yào
ウォ　　ヤオ　　　　ブー　　ヤオ
我　要．／不　　要．

何かほしいときは「我要」、いらないときは「不要」。英語なら「I need...」「I don't need...」。中国の大都市では偽物を売りつけてくる人がいますが、そういうときは「不要！」と言いましょう。

Wǒ　míngbai　le　　　　Bù　míngbai
ウォ　ミン　バイ　ラ　　　ブー　ミン　バイ
我明白了．／不明白．

「明白」と書いて「わかる」という意味です。「明白了吗？」(ミンバイラマ)ときかれたら、わからないときは「不明白．」とこたえましょう。「不明白了．」(ブーミンバイラ)だと、「わからなくなりました」になるよ。

中国で一度は耳にするフレーズ

> これはもう耳にタコができるくらい
> きくことになるでしょう

（いまは）ない。

> これは上の応用編です

もうなくなりました。

> 「いまはない」のなら、
> いつならあるの？ すると……

知らない（わからない）。

Xiànzài　　　méiyǒu
（シエンヅァイ）　メイヨウ
（现在）没有.

「现在」は「いま」、「没有」は「ない」という意味です。
たとえば、ホテルのフロントで「部屋は空いてない」、
切符売場で「切符はない」など、いろんな場面で耳にします。

Yǐjing　　　méiyǒu　　　le
イー ジン　メイ ヨ ウ　　ラ
已经 没有 了.

「已经」は「もう（すでに）〜だ」という意味の副詞です。
「今天已经没有了.」なら「きょうはもうなくなりました」。
せっかく来たのに、売り切れちゃったの。残念！

Bù　　　zhīdao
ブウ　　ヂー ダオ
不 知道.

「知道」は「知っている」という意味の動詞。英語の「know」ですね。
「市場経済化」のおかげで、中国にもサービス精神や商売の意識が
定着し、こうしたつっけんどんな対応はかなり減っています。

カタコト・コミュニケーションの必須フレーズ

カタコト中国語会話の必須フレーズです

もういちど言ってください。

これもカタコト中国語会話の必須フレーズ

もうすこしゆっくり話して。

日中カタコト交流の"最終兵器"的フレーズ

ちょっと書いてください。

Qǐng nín zài shuō yibiàn
チン （ニン） ヅァイ シュオ イ ビエン

请(您)再说一遍.

「请」は「どうか〜してください」。英語の「Please」だね。
「说」は日本式の漢字では「説」。「しゃべる」「言う」という意味。
「再说一遍」で「もう一度言う」。

Qǐng màn yidiǎnr shuō
チン マン イ ディアル シュオ

请 慢 一点儿 说.

「慢」は「ゆっくりと」、「一点儿」は「すこし」という意味。
「一点儿」のかわりに「点儿（diǎnr）」でもOKです。

Qǐng xiě yí xià
チン シエ イー シャア

请 写 一下.

日本も中国も漢字文化圏。いざとなったら、筆談という手が……。
「写」は日本式の漢字なら「写」。中国語では「書く」という意味の
動詞。「一下」は、動詞のあとにつけると、「ちょっと〜する」。

「トイレに行きたい」

生理現象なんですから、恥ずかしがらずに……

トイレはどこですか？

ちょっと小用。席を立ちながらひとこと

ちょっとトイレに行ってきます。

女性は「トイレに行きたい」とは言いにくいもの。なら、このフレーズ

ちょっと待ってて。

Cèsuǒ zài nǎr
ツォースオ ヅァイ ナール

厕所 在 哪儿？

「厕」は「廁」という字の簡体字。「厕所」で「トイレ」。
上品に言うなら「洗手间（xǐshǒujiān）」。「哪儿」は「どこ」。
「在」は「ある」「いる」という意味の動詞。

Wǒ qù fāng biàn yí xià
ウォ チュイ ファンビエン イー シャア

我 去 方便 一下.

「方便」は「トイレに行く」という口語（話しことば）です。
「一下」は、前にも書いたように「ちょっと〜する」という意味。

Qǐng děng yi děng
チン ドゥン イ ドゥン

请 等 一 等.

女性が「ちょっと（ここで）待ってて」と言ったら、
たいがいトイレです。「等」は中国語では「待つ」という動詞。
「请等一下」と言っても同じ意味になります。

もしものときの、とっさのひとこと

このフレーズを実際に使うようなことが
ないことを祈ります

助けてください！

使うときは大きな声で……

ドロボー！ 捕まえてー！

これも「もしも」のときのために
覚えておきましょう

救急車（お医者さん/警察）を呼んで！

Jiù　mìng　a
ジウ　ミン　ア
救命啊！

生命の危機を感じたときに叫ぶ「助けて！」です。
だれかほかの人に助けを求めるときは
「来人啊！」（＝だれか来て）と叫んでください。
（来人＝ライレンア）

Zhuā　xiǎotōu
ヂュア　シャオ トウ
抓小偷！

「小偷」で「泥棒」。
「抓」は「捕まえる」という動詞です。

Jiào　　jíjiùchē　　（yīshēng ／ jǐngchá）
ジャオ　ジィ ジウチョー　（イーション ／ ジンチャア）
叫急救车（医生／警察）！

「救急車」は「急救车」。「救」と「急」が日中で逆なんです。
「快（kuài）」をはじめにつけて「快叫〜．」にすると、
（クァイジャオ）
「早く〜を呼んで！」となります。

困ったことになりました

交番でおまわりさんに

〜をなくしました。／
〜を盗まれました。

迷子になったときに

道に迷いました。

地下鉄の駅員さんに

地下鉄に〜を
置き忘れました。

Wǒ diū le　　　　　　Wǒ bèi tōu le
ウォ ディウ ラ　　　　　ウォ ベイ トウ ラ
我丢了~. ／我被偷了~.

「我丢了护照（hùzhào）」なら「パスポートをなくしました」、「我被偷了钱包（qiánbāo）」なら「さいふを盗まれました」。「被」は中国語では「〜される」という受け身の助動詞。

Wǒ mí lù le
ウォ ミイ ルゥ ラ
我迷路了.

旅先で迷子になったら、「聞くはいっときの恥」で、親切そうな人をみつけて聞くこと。地図を見せながら「我 现在 在 哪里？」（＝わたしはいまどこにいますか？）と言ってもいいでしょう。

Wǒ bǎ　　　wàng zài　　dìtiě　lǐ　le
ウォ バァ　　　ワン ヅァイ ディティエ リィ ラ
我把~忘在地铁里了.

「地铁」は「地下鉄」、「在〜里」で「〜の中に」。「把A 忘在 B了」で「AをBに忘れてきた」です。「飛行機の切符をホテルに忘れてきた」なら「我把飞机票忘在饭店了」。「把〜」は「〜を」と訳します。

いろいろな「だいじょうぶ」

たとえば「寒いですか？」ときかれて
寒くないならこうこたえます

だいじょうぶです。

これは、そのものズバリ「No problem.」です

だいじょうぶ、問題ないです。

人が困っているようなときに……

だいじょうぶですか？

Méi　　　guānxi
メイ　　グアン シ

没 关 系．

「关系」は日本式に書くと「関係」。直訳すれば「関係ない」。「心配ないです」「かまいませんよ」というニュアンス。英語だと「No problem.」です。中国に行ったら、一度は耳にするはず。

Méi　　　wèntí
メイ　　ウェン ティ

没 问 题．

「问题」は日本式の漢字では「問題」。直訳すれば「問題ない」ということ。中国南部の方言である広東語では「モウマンタイ」という発音になります。

Yǒu　　wèntí　　ma
ヨウ　ウェン ティ　マ

有 问 题 吗？

ちなみに、筆談で「大丈夫？」と書いても中国人には通じません。中国語で「丈夫（zhàngfu）」は「夫」。「"大きな夫"って何のこと？」と思われちゃいます。

物をさすときの「こ・そ・あ・ど」ことば

英語だと「this」です

これ

英語だと「that」あるいは「it」です

それ（あれ）

英語だと「which」です

どれ

zhège

ヂォーガ
这个

たとえば、メニューの写真を指さしながら「我要这个.」と言えば、「これがほしい」という意味になります。複数のものをさして「これら」と言うときには「这些（zhèxiē）」になります。

nàge

ナァ ガ
那个

中国語では「あれ」と「それ」の区別がなく、どちらも「那个」。上の「这个」と同様、複数のものをさして「あれら（それら）」と言うときには「那些（nàxiē）」になります。

năge

ナァ ガ
哪个

「那个」と「哪个」は声調のちがいだけで意味が変わるので要注意。「那」は第4声なので、高いところから低いところへ一気に落とす感じ。「哪」は第3声なので、低いトーンで発音。

場所をさすときの「こ・そ・あ・ど」ことば

英語だと「here」です

ここ

英語だと「there」です

そこ（あそこ）

英語だと「where」です

どこ

zhèli　　　zhèr
ヂォーリ　　ヂォール
这里／这儿

「この」という意味の「这」と、場所を意味する「里」があわさって、「ここ」。話しことばでは「这里」より、「这儿」が使われます。

---

nàli　　　nàr
ナァリ　　ナァル
那里／那儿

前述の「それ」と「あれ」と同様、中国語では「そこ」と「あそこ」の区別がありません。「那里」は「ナ」の部分を高いトーンで発音し「ナァリ」。

---

nǎli　　　nǎr
ナァ リ　　ナァル
哪里／哪儿

「那里／那儿」との発音のちがいに注意。「那」は第4声で、「哪（nǎ）」は第3声。ただし「哪里」の場合、「哪」は、うしろの「里」がもとは第3声なので、第2声（ná）に変声。

人をさすことば ❶

一人称代名詞。英語だと「I」「we」です

わたし／わたしたち

二人称代名詞。英語だと「you」です

あなた／あなたたち

会場のみんなに呼びかけるとき

みなさん

wǒ　　　　wǒmen

ウォ　　　ウォ メン

我／我们

日本語は男性の「おれ」や「ぼく」、女性の「わたし」といった性別による言い分けがありますが、中国語では男女とも「我」。「わたしたち」なら「我们」。「咱们(zánmen)」という言い方もあります。

---

nǐ　　　　nǐmen

ニィ　　　ニィ メン

你／你们

相手をうやまって言うときは「您」「您们」です。

---

dàjiā

ダァ ジャー

大家

35ページでも書いたように「大家」で「みなさん」という意味です。「我们大家」（われわれ）、「你们大家」（あなたがた）といった言い方もするよ。

人をさすことば ❷

三人称代名詞。英語だと「he」「they」です

彼／彼ら

三人称代名詞。英語だと「she」です

彼女／彼女たち

疑問の人称代名詞。英語だと「who」です

だれ

tā　　　tāmen
ター　　ターメン
他／他们

「他」と書いても「ほか」ではありません。英語の「he」は中国語では「他」なのです。ちなみに、女の子がつきあっている男の子を言うときの「カレ」「カレシ」は「男朋友（nánpéngyou）」。

tā　　　tāmen
ター　　ターメン
她／她们

「他」の"にんべん"を"おんなへん"に変えると「彼女」という意味の「她」になります。「他」と発音はいっしょ。ちなみに、「ガールフレンド」の意味の「カノジョ」は「女朋友（nǚpéngyou）」。

shuí
シュエイ
谁

「谁」は日本式の漢字では「誰」。文字どおり「だれ」という意味。「彼はだれ？」ときくとき、英語の場合は「Who is he?」のように疑問詞を文頭におきますが、中国語では「他是谁？」でOK。

敬称つきで相手の名前を呼ぶとき ❶

中国語で「〜さん」と言うとき。
たとえば「王さん」と呼びかけるなら……

王さん

中国人が日本人の姓を"さんづけ"で呼ぶとき。
たとえば「田中さん」なら……

田中さん

では、ほんとうの先生に対しての尊称は？
たとえば「田中先生」と言うときは……

田中先生

lǎo Wáng　　xiǎo Wáng
ラオ ワン　　シャオ ワン
老王／小王

相手の姓（名字）を"さんづけ"で呼ぶとき、目上の相手には敬意をこめて姓の前に「老」を、同等以下のときは親しみをこめて「小」をつけます。これらの言い方は、わりに親しい間柄で用います。

Tiánzhōng　　xiānsheng
ティエンヂョン　シエンション
田中　先生

中国人が日本人の姓を"さんづけ"で呼ぶときは、「〜先生」をよく使います。もちろん、日本人が中国人の王さんに「王先生」と言ってもOKです。

Tiánzhōng　　lǎoshī
ティエンヂョン　ラオシー
田中　老师

正真正銘の先生に対して「〜先生」と言うときは、中国語では「〜老师」を使います。

敬称つきで相手の名前を呼ぶとき ❷

中国人どうしなら、こんな呼び方もします

～さん／～さま

学校の中では、こんな呼び方もします

～さん／～くん

若い女性に対しては、こんな呼び方もします

～さん／～ちゃん／～嬢

tóng zhì
〜同志

かつては中国人どうしで、互いの名前のあとに「同志」という敬称をつけて、「李同志」「张同志」と呼びあうことが多かったのですが、最近は中国人どうしでも「〜先生」をよく使います。

tóng xué
〜同学

学校の中では、学生どうし、あるいは先生が学生に対して、名前のあとに「同学」という呼称をつけて呼びます。わたしも中国の学校では「李颖同学」とか「李同学」と呼ばれてました。

xiǎo jie
〜小姐

若い女性の名前のあとにつける呼称。職名などのあとにつけます。ちなみに、飛行機の女性客室乗務員は「空中（kōngzhōng）小姐」。

日本と中国の20大姓

1	佐藤	佐藤	Zuǒténg	ヅォトン
2	鈴木	铃木	Língmù	リンムゥ
3	高橋	高桥	Gāoqiáo	ガオチャオ
4	田中	田中	Tiánzhōng	ティエンヂョン
5	渡辺	渡边	Dùbiān	ドゥービェン
6	伊藤	伊藤	Yīténg	イートン
7	中村	中村	Zhōngcūn	ヂョンツン
8	小林	小林	Xiǎolín	シャオリン
9	山本	山本	Shānběn	シャンベン
10	加藤	加藤	Jiāténg	ヂャートン
11	吉田	吉田	Jítián	ヂーティェン
12	山田	山田	Shāntián	シャンティェン
13	佐々木	佐佐木	Zuǒzuǒmù	ヅォヅォムゥ
14	山口	山口	Shānkǒu	シャンコゥ
15	松本	松本	Sōngběn	スンベン
16	井上	井上	Jǐngshàng	ジンシャン
17	斎藤※	斋藤	Zhāiténg	ヂャイトン
18	木村	木村	Mùcūn	ムゥツン
19	林	林	Lín	リン
20	清水	清水	Qīngshuǐ	チンシュェイ

※「斉」藤さんは「齐」藤（Qíténg）で26位。

【参考＝(日本) 明治安田生命「全国同姓調査」(2013年12月発表)
(中国) 公安部「全国戸籍人口統計分析」(2007年4月発表)】

(おもな有名人)

#	日本姓	中国姓	ピンイン	カナ	有名人1	有名人2
1	王 (おう)	王	Wáng	ワン	ワン シーヂー 王羲之	ワン ウェイ 王维
2	李 (り)	李	Lǐ	リィ	リィ バイ 李白	リィ ホンヂャン 李鸿章
3	張 (ちょう)	张	Zhāng	ヂャン	ヂャンフェイ 张飞	ヂャンシュエリャン 张学良
4	劉 (りゅう)	刘	Liú	リュ	リュ バン 刘邦	リュ ベイ 刘备
5	陳 (ちん)	陈	Chén	チェン	チェンション 陈胜	チェンドゥーシウ 陈独秀
6	楊 (よう)	杨	Yáng	ヤン	ヤン グイフェイ 杨贵妃	ヤンシャンクン 杨尚昆
7	黄 (こう)	黄	Huáng	ホゥァン	ホゥンガイ 黄盖	ホゥンチャオ 黄巢
8	趙 (ちょう)	赵	Zhào	ヂャオ	ヂャオユン 赵云	ヂャオツーヤン 赵紫阳
9	呉 (ご)	吴	Wú	ウー	ウーチョンエン 吴承恩	ウーペイフー 吴佩孚
10	周 (しゅう)	周	Zhōu	ヂョウ	ヂョウユイ 周瑜	ヂョウエン ライ 周恩来
11	徐 (じょ)	徐	Xú	シュイ	シュイフー 徐福	シュイシュー 徐庶
12	孫 (そん)	孙	Sūn	スン	スンチュエン 孙权	スンウェン 孙文
13	馬 (ば)	马	Mǎ	マァ	マァトン 马腾	マァチャオ 马超
14	朱 (しゅ)	朱	Zhū	ヂュー	ヂューシー 朱熹	ヂューシュンシュイ 朱舜水
15	胡 (こ)	胡	Hú	フー	フーシー 胡适	フーヤオ バン 胡耀邦
16	郭 (かく)	郭	Guō	グォ	グォチァ 郭嘉	グォモールォ 郭沫若
17	何 (か)	何	Hé	ホー	ホーシャンニン 何香凝	ホー インチン 何应钦
18	高 (こう)	高	Gāo	ガォ	ガォチェンリィ 高渐离	ガォシュエン 高顺
19	林 (りん)	林	Lín	リン	リンツーシュイ 林则徐	リンビャオ 林彪
20	羅 (ら)	罗	Luó	ルォ	ルォグァンチョン 罗贯中	ルォルエイチン 罗瑞卿

※まったく偶然ですが、日中ともに19位は「林」さん。

空港で ❶

旅行の目的をきかれたら……

観光です。／ビジネスです。

滞在期間をきかれたら……

(10)日間です。

中国での宿泊地をきかれたら……

～ホテルに泊まります。

Shì lǚyóu guānguāng　Shì shāngwù gōngzuò
シィ リュィヨウ グァングアン　シィ シャンウー ゴンヅオ

是(旅游)观光. / 是(商务)工作.

「为什么你来中国？」(ウェイシェンマ ニィ ライチョングオ)(＝どうして中国に来たのか)
などときかれたら、上のようにこたえます。

Shí tiān
シィ ティエン

(十)天.

「你在中国呆多长时间？」(ニイ ヅァイチョングオ ダイドゥオ チャンシージェン)(＝どれくらいの期間、中国にいるのか)
などときかれて、たとえば10日間なら、上のようにこたえます。
なお、数の数え方は74ページを参照してください。

Wǒ yào zhù fàndiàn
ウォ ヤオ デュー ファンディエン

我 要 住 ～饭店.

「レストラン」みたいだけど、「饭店」で「ホテル」です。「饭店」は通常、外国人向けの大ホテル。「○○酒店」(ジウディエン)「○○宾馆」(ビングァン)という名前のホテルもあるよ。宿泊先が決まってないなら、「还没决定.」(ハイメイジュエディン)とこたえます。

空港で ❷

入国審査の際に提出するときのひとこと

パスポートと入国カードです。

中国入国にはビザが必要。お金がかかります

（入国）ビザ

空港に出迎えに来てくれた人から言われます

ようこそ。

Zhè shì hùzhào hé rùjìngkǎ
ヂォー シィ フゥヂャオ ホー ルゥジンカー

这是护照和入境卡.

「护照」は「パスポート」。「护」は「護」という字の簡体字です。
「入境」で「入国」、「出国」は「出境」です。
「卡」は「カー」とよみます。「カード」の音訳です。

rù jìng qiān zhèng
ルゥ ジン チエンヂョン

(入境) 签证

パスポートの査証、ビザのことを「签证」と言います。
「签」は「サインする」という意味です。
「トランジット・ビザ（通過ビザ）」は「过境签证」です。

Huānyíng huānyíng
ホワンイン ホワンイン

欢迎, 欢迎.

「欢迎」は日本の漢字では「歓迎」です。中国に行ったら
一度は耳にするはずです。「いらっしゃいませ」の意味です。
「欢迎光临 (guānglín)」という表示も見かけます（19ページ）。

空港で ③

空港で、荷物の受け渡し場所をきくひとこと

手荷物はどこで受け取るのですか？

ごくたまにこんなこともあります

わたしの荷物がでてこないのですが…

荷物引き渡し係の空港職員に
手荷物引換証を見せながら

これが手荷物引換証です。

Xíngli zài nǎr qǔ
シン リ ヅァイ ナァル チュイ

行李在哪儿取？

「行李」は「荷物」、「在哪儿」は「どこで」、「取」は「受け取る」です。

Wǒ de xíngli hái méi yǒu chūlai
ウォ ダ シン リ ハイ メイ ヨウ チューライ

我的行李还没有出来…

「还」は否定語（ここでは「没」）とともに使うと「まだ～ない」という意味になります。「荷物が見あたりません」なら、「我的行李不见了（Bújiànle).」あるいは「找不着（Zhǎobuzháo）我的行李.」です。

Zhè shì wǒ de xíngli piào
ヂォー シィ ウォ ダ シン リ ピャオ

这是我的行李票.

「行李票」のかわりに「行李的存条（cúntiáo）」でもOKです。

両替所で ❶

空港で両替所が見つからないときに……

両替所はどこですか？

日本円を人民元に両替します

人民元に両替してください。

旅行者用小切手（トラベラーズ・チェック）を現金にしたい

（この旅行者用小切手を）現金にしてください。

Duì huàn chù zài nǎr
ドゥイホワンチュー ヅァイ ナァル
兑换处 在哪儿？

「兑换」で「両替する」。「处」は「処」。
「换钱(ホワンチェン)」でも「両替する」という意味になるよ。

Huàn chéng rénmínbì
ホワンチャン レン ミン ビィ
换成 人民币.

「换成～」は「換えて～になる」という合成動詞。「人民币」は、中国の現地通貨である「人民元」のこと。「RMB」と略す場合も。ちなみに、「币」は貨幣の「幣」の簡体字です。

Qǐng (bǎ zhè lǚxíng zhīpiào) huànchéng xiànjīn
チン（バァ ヂォー リュイシン ヂーピャオ）ホワンチャン シエンジン
请(把这旅行支票)换成现金.

旅行者用小切手（トラベラーズ・チェック）は
「旅行支票(リュイシンヂーピャオ)」と言います。「把～」は「～を」と訳します。
「現金」は中国語では「现金(シエンジン)」です。

両替所で ❷

小銭がないと、あとあと不便なので、
窓口の係の人にお願いします

小銭もまぜてください。

日本円と中国人民元の交換率は、日々変動します

きょうの交換率は
どのくらいですか？

ぼろぼろのきたないお札をわたされたときは、
こんなひとことを覚えておくといいかも

新札でください。

Qǐng chān diǎnr língqián

チン チャン ディアール リンチエン

请 掺 点儿 零钱.

「掺」は「まぜる」という動詞。「点儿」は「すこし」という意味。
「零钱」は「小銭」です。

Jīntiān de huìlǜ shì duōshǎo

ジンティエン ダ ホェイリュイ シィ ドゥオシャオ

今天的 汇率 是 多少?

「汇率」は「為替レート」「為替相場」「交換率」のこと。
「多少」は「どれくらい」という意味で、疑問文をつくります。

Qǐng gěi wǒ xīn de zhǐbì

チン ゲイ ウォ シン ダ ヂービィ

请 给 我 新的 纸币.

「纸币」は日本の字では「紙幣」、文字どおり、紙のおかね、
お札のことです。なお、現在、中国で流通している
紙幣については75ページ参照。

数字と金額の数え方

数字の読み方

yī	èr	sān	sì	wǔ
イー	アル	サン	スー	ウー
一	二	三	四	五

liù	qī	bā	jiǔ	shí
リウ	チー	バー	ジュウ	シー
六	七	八	九	十

bǎi	qiān	wàn	yì	zhào
バイ	チエン	ワン	イー	ヂャオ
百	千	万	亿	兆

「亿」は「億」の簡体字です。
ゼロ（0）は「零（líng）」と言います。

通貨の単位は「元」、その下に「角」と「分」。
「1元＝10角＝100分」です

yuán	jiǎo	fēn
ユエン	ジャオ	フェン
～元	～角	～分

たとえば、金額の欄に「29.75」と書いてあったら、
「二十九元 七角 五分」と読みます。
最後の「分」は省略して読まない場合も多いです。
また、話しことばでは「元」のかわりに「块(kuài)」、
「角」のかわりに「毛(máo)」とも言います。

いろいろな人民元

圓(元)

新100元札(毛沢東)。なお、1元以上の紙幣の新札はすべて毛沢東で統一された

100元札(右から毛沢東、周恩来、劉少奇、朱徳)

50元札(労働者、農民、知識人)

10元札(漢族と蒙古族)

5元札(チベット族とホイ族)

2元札(ウイグル族とイー族)

1元札(ヤオ族とトン族)

角

5角札

2角札

1角札

分※

5分札

2分札

1分札

※2007年から流通停止、入手困難で高値がついている

ホテルで ①

ホテルのフロントで

チェックインをお願いします。

**大きなホテルなら
日本語を話せる人がいるかも**

あなたは日本語が話せますか？

それなら、英語がしゃべれる人は？

英語をしゃべれる人は
いませんか？

Qǐng bànlǐ zhùsù shǒuxù
チン バンリィ ヂュースゥ ショウシュィ
请办理住宿手续.

「住宿手续」、あるいは「登记（dēngjì）手续」で「チェックイン」。「チェックアウト」は「退房（tuìfáng）手续」です。ちなみに「手续」は、日本語の「手続き」ということばが中国語になったものです。

Nǐ huì shuō Rìyǔ ma
ニィ ホェィシュオ リー ユィ マ
你会说日语吗？

「日语」は「日本語」のこと。「你会～吗？」で「あなたは～できますか？」という疑問文になります。こたえるときは、「できます」なら「我会」、「できません」なら「我不会」です。

Yǒu méi yǒu huì shuō Yīngyǔ de rén
ヨウ メイ ヨウ ホェィシュオ イン ユィ ダ レン
有没有会说英语的人？

「有没有？」で「～はいますか（ありますか）？」という疑問文になります。「会说英语的人」で「英語が話せる人」となります。

ホテルで ❷

予約なしでホテルに飛び込みました

今晩、お部屋はありますか？

部屋の種類を選ぶとき

ツインルームをお願いします。

ケチケチ旅行では重要フレーズです

**ひと晩（の宿泊料は）
いくらですか？**

Jīntiān wǎnshang yǒu kòng fángjiān ma
ジンティエン ワン シャン ヨウ コン ファンジエン マ

今天晚上有空房间吗？

「房间(ファンジェン)」で「部屋」です。その前の「空(コン)」は「あいている」という意味で、「房间」にかかっています。「有空房间吗？」のかわりに「有没有空房间？(ヨウメイヨウ)」ときいてもOKです。

Wǒ xiǎng zhù shuāngrén fángjiān
ウォ シャン ヂュウ シュアン レン ファンジエン

我想住双人房间．

「シングルルーム」は「单人(ダンレン)(dānrén)房间」。バックパッカーがよく泊まる安上がりな大部屋（ドミトリー）は「多人(ドゥオレン)(duōrén) 房间」。「想」は「〜したい」という意志をあらわします。

Yì ge wǎnshang yào duōshǎo qián
イー ガ ワン シャン ヤオ ドゥオシャオチエン

一个晚上要多少钱？

「部屋代はいくら？」なら「房费(ファンフェイ)（fángfèi）多少钱(ドゥオシャオチエン)？」。「多少钱？」（＝いくらですか？）は必須フレーズ。何度か使っているうちに自然と口からでてくるようになりますよ。

ホテルで ❸

「朝食つきで、この値段なら」などと
考えながら確認してます

朝食つきですか？

ケチケチ旅行では重要フレーズです

もっと安い部屋は
ありませんか？

大事なものはフロントに預けましょう

貴重品を預けたいです。

Dài zǎocān ma
ダイ ヅァオツァン マ
带 早餐 吗？

旅行会社のパックツアーなら、たいてい朝食つきですが、行き当たりばったりの個人旅行なら覚えておいたほうがいいフレーズ。「朝食込みの宿泊料ですか？」ときくなら「房费里带早餐吗？」です。

Yǒu zài piányi de fǎngjiān ma
ヨウ ヅァイ ピエンイ ダ ファンジエン マ
有再便宜的房间吗？

「便宜」で「安い」という形容詞。その前の「再」は「もっと～」という意味です。「有再便宜的吗？」（＝もっと安いのないの？）を覚えておけば、いろんなものの値引き交渉のときに便利です。

Wǒ xiǎng cún guìzhòng wùpǐn
ウォ シャン ツゥン グェイヂョン ウー ピン
我 想 存 贵重 物品．

「我想～」で「わたしは～したい」。英語の「I want to…」です。「荷物を預けたい」なら「我想存行李（xíngli）．」です。

ホテルで ④

ホテルの部屋からフロントに電話するとき

もしもし、こちら301号室です。

モーニングコールをたのむとき

あすの朝（7）時に起こしてください。

何かを持ってきてもらいたいとき

〜を持ってきてください。

Wéi wǒ shì sān líng yāo hào fángjiān
ウェイ ウォ シィ サン リン ヤオ ハオ ファンジエン
喂, 我是三〇一号房间.

日本語の「もしもし」は「喂」と言います。
電話や部屋の番号を伝える場合、数字の「1」を通常の
「イー（yī）」でなく「ヤオ（yāo）」と発音する場合があります。

Qǐng míngtiān zǎochen (qī) diǎn jiào wǒ qǐchuáng
チン ミンティエン ヅァオチェン （チー） ディエン ジャオ ウォ チィチュアン
请明天早晨（七）点叫我起床.

「明天早晨七点」で「あすの朝7時」。
「叫我起来」のかわりに「叫醒（xǐng）我」でもOK。

Qǐng gěi wǒ ná lái
チン ゲイ ウォ ナァ ライ
请 给 我 拿 〜 来.

「给我」で「わたしに」。「拿〜来」で「〜を持ってくる」。
「请给我拿开水（kāishuǐ）来.」なら
「お湯を持ってきてください」となります。

電話をかける ❶

電話がかかってきたときも
電話をかけたときも……

もしもし

べつの人が電話に出て、
相手がいるかどうかをきくとき

〜さんは、いらっしゃいますか？

まちがい電話をしたときは……

すみません。
かけまちがえました。

Wéi
ウェイ
喂

83ページでふれたように、日本語の「もしもし」は「喂」。電話をかけたときも、電話がかかってきたときも、「喂」と言います。「ウェィ（wèi）」と第4声で発音する場合もあります。

---

xiān sheng zài ma
シエンション ヅァィ マ
～先生 在吗？

日本ではまず名のってから相手がいるかどうかをききますが、中国ではまず話したい相手の名前を告げるのが一般的。そこで「你是谁？」（＝あなたはだれ？）ときかれたら、名のります。

Duì bu qǐ　　Wǒ dǎ cuò le
ドェィ ブ チィ　　ウォ ダァ ツォ ラ
对不起．我打错了．

「打错」で「（電話を）かけまちがえる」。中国語で「電話をかける」は「打」という動詞を使って、「打电话（diànhuà）」と言います。「動詞＋错」で「〜しまちがえる」。

電話をかける ❷

話したい相手が外出中で不在だったときは……

いつごろおもどりになりますか？

急用で、どうしても連絡が取りたいとき

急な用事なんですが、~さんは携帯電話をもっていらっしゃいますか？

相手が留守で、またかけなおしたいとき

しばらくしたら、またおかけします。

Shénme　shíhòu　huí　lái
シェンマ　シイホウ　ホェイ ライ
什么时候回来？

「什么时候」で「いつ」。英語の「when」ですね。
「回来」は「もどる」「帰る」。
「何時にもどるか」ときくなら「几点（jǐdiǎn）回来？」です。

Yǒu　jíshì　　　　xiānsheng yǒu　shǒujī　ma
ヨウ ジイシィ　　シエンションヨウ ショウジー　マ
有急事．～先生有手机吗？

「急用」は中国語では「急事」。
「有急事」で「急用なんですが」という意味になります。
「携帯電話」は「手机」。「机」は「機」という字の簡体字です。

Děng yí　xià　zài　dǎ　diànhuà
ドゥン イー シャア ツァイ ダァ （ディエンホワ）
等一下 再 打（电话）．

「等一下」で「しばらくしてから」。「再打（电话）」で
「またかけます」。「再联系（liánxì）」でも通じます。

※「スマホ」は「智能手机（ジーノンショウジー）」といいますが、みな略して「手机（ショウジー）」といっています。

観光する ①

わからないことがあったら、
案内所をさがしましょう

観光案内所はどこですか？

大きなホテルなら、ホテルがオプショナルツアーを
企画している場合もあります

観光バスはありますか？

案内所にパンフレットがあるかきくとき

観光パンフレットは
ありますか？

Lǚyóu　zīxúnchù　zài　nǎr
リュィ ヨウ　ズー シュンチュー　ヅァイ　ナァル
旅游咨询处在哪儿？

「旅游咨询处(リュィヨウズーシュンチュー)」で「観光案内所」。観光地にはたいがい案内所があります。「案内所」は「问讯处(wènxùnchù)(ウェンシュンチュー)」が一般的。

Yǒu　lǚyóuchē　ma
ヨウ リュィ ヨウ チョー　マ
有旅游车吗？

「旅游车(リュィヨウチョー)」で「観光バス」。ふつうの市内乗合バスは「公共汽车(gōnggòng qìchē)(ゴンゴンチィチョー)」。中国語で「汽车」は自動車一般をさします。たとえば、「出租(chūzū)(チューズー)汽车(チィチョー)」はタクシーです。

Yǒu　lǚyóu　xiǎocèzi　ma
ヨウ リュィ ヨウ シャオツォー ズ　マ
有旅游小册子吗？

日本とちがって、中国では観光用パンフレットが有料の場合が多いです。「ガイドマップ」がほしいなら、「请给我一张(yìzhāng)(チンゲイウォイーヂァン)导游图(dǎoyóutú)(ダオヨウトゥー)」。「一张」は「一枚」という意味です。

観光する ❷

中国ではだいたい有名な観光地は
入場料をとられます

チケット1枚ください。

まえから行きたかったところに、
念願かなったときに言うひとこと

万里の長城は、はじめて来ました。

「まだ〜したことない」という言い方はこうなります

上海雑技団はまだ見たことありません。

Gěi wǒ yì zhāng ménpiào
ゲイ ウォ イー ヂャン メン ピャオ

给我一张门票.

「门票」は「入場券」。日本語はふつう「チケット・1枚」と言いますが、中国語では「1枚・チケット」という語順になります。「给我〜」は「わたしに〜をください」。英語の「Give me…」です。

Wàn lǐ chángchéng shì wǒ dì yī cì lái
ワン リィ チャンチョン シィ ウォ ディー イー ツー ライ

万里长城是我第一次来.

「万里の長城」は「万里长城」と書きます。「故宫（Gùgōng）」（＝故宮）、「颐和园（Yíhéyuán）」（＝頤和園）など、いろいろな観光地や地名を入れて応用しましょう。

Shànghǎi zájìtuán wǒ hái méi kàn guo
シャンハイ ザアジィトゥアン ウォ ハイ メイ カン グォ

上海杂技团我还没看过.

「还没〜过」で「まだ〜したことがない」という未経験をあらわす表現。たとえば、「わたしはまだ上海ガニを食べたことがない」なら、「我还没吃过（chīguo）大闸蟹（dàzháxiè）」。

※「过」は「過」の簡体字

観光する ❸

中国は撮影禁止の場所がよくあるので、
念のため、きいてから……

ここで写真をとっても
いいですか？

自分のカメラをさしだしながら。
風景といっしょに自分が写りたいときに

ちょっとシャッターを
押してもらえませんか？

少数民族のカラフルな衣装を着た人がいました。
ツーショット写真におさまりたいときに

あなたといっしょの
写真をとりたいです。

Zài zhèr pāi zhào kěyǐ ma
ヅァイ ヂォール パイ ヂャオ クォー イー マ
在这儿拍照,可以吗?

「拍照」は「写真をとる」。プリントした紙焼きの写真は「照片（zhàopiàn）」と言います。

Qǐng àn yíxià kuàimén
チン アン イーシァ クァイ メン
请按一下快门.

「按 快门」で「シャッターを押す」。「按一下.」だけでも通じるけど、ていねいにたのむなら、上のように言ってね。

Wǒ xiǎng gēn nín yìqǐ zhào xiàng
ウォ シャン ゲン ニン イーチィ ヂャオシャン
我想跟您一起照相.

「跟〜一起」で「〜といっしょに」と訳します。
「照相」は「写真をとる」。

観光する ❹

案内してくれたガイドさんや友人に……

きょうは楽しかったです。

ちがう季節に再度来てみたい、そう思ったときは……

べつの季節に、またここに来たいです。

強行スケジュールであちこち見たら、脚が棒になりました

ちょっと疲れました。

Jīntiān　hěn　kāixīn
ジンティエン ヘン カイ シン
今天很开心.

「开」は「開」という字の簡体字。心を開いて楽しむからでしょうか。「楽しい」という意味です。「开心」のかわりに「高兴(ガオシン)」を使ってもOKです。

Bié　de　jìjié　lǐ　wǒ xiǎng zài lái　zhèli
ビエ ダ ジージエ リィ ウォ シャンヅァイ ライ ヂォーリ
别的季节里我想再来这里.

「别的(ビエダ)」は「べつの〜」、「季节」は日本式の漢字では「季節」、まさに季節のことです。「这里」は「ここ」。「这里」のかわりに「这儿(ヂォール)」でもOK。

Yǒudiǎnr　lèi　le
ヨウ ディアル レイ ラ
有点儿累了.

「レイ」で「疲れた」という意味です。そのまえの「有点儿(ヨゥディアル)」は「すこし」という意味。「有点儿」は、類義語の「一点儿(イーディアル)」とはちがって、そのあとに悪い状態をあらわす語がつづきます。

交通機関を利用する

地下鉄の駅がみつからないときに

地下鉄の駅はどこですか？

地下鉄の切符売場で

～まで（の切符は）いくらですか？

慣れないうちは、地下鉄よりタクシーが便利。大きなホテルならタクシーを手配してくれます

タクシーを呼んでいただけますか。

Dìtiě zhàn zài nǎr
ディ ティエヂャン ヅァイ ナール
地铁站 在 哪儿？

「地下鉄」は中国では「地铁」。「站」は「駅」です。
ふつうの列車の駅なら「火车站(フォチャーヂャン)」、バス停なら「公共汽车站(ゴンゴンチーチョーヂャン)」、
タクシー乗り場なら「出租汽车站(チューズーチーチョーヂャン)」です。

Dào de chēpiào duōshǎo qián
ダオ ダ チォーピャオ ドゥオ シャオ チエン
到～的车票多少钱？

「到～的车票」で「～までの切符」。「切符売場」は中国語では「售票处(shòupiàochù)」です。なお、2004年11月現在、北京の地下鉄の運賃は均一3元。上海の地下鉄は初乗り2元から(最大6元程度)です。

Qǐng bāng wǒ jiào chūzūchē
チン バン ウォ ジャオ チュー ズー チォー
请 帮我 叫 出租车.

「帮」は、「帮助(ほうじょ)」の「帮」の簡体字。「助ける」「手伝う」という意味ですが、ここの「帮」は英語の前置詞みたいな働きをします。「请帮我～」で「わたしのかわりに～してください」と訳します。

タクシーを利用する

たとえば、北京の一大繁華街
ワンフーチン（王府井）に行きたいときは……

ワンフーチン（王府井）へ行きたいです。

行き先が相手に通じたら、
だいたいの運賃をきいておくと安心です

だいたい、いくらぐらいかかりますか？

このひとことで降りたいときに降りられます。
タクシー乗車の必須フレーズ

降ります。停めてください。

Wǒ xiǎng qù　Wángfǔjǐng　dàjiē
ウォ シャンチュィ ワン フゥ ジン ダァジエ

我想去王府井大街.

東京と同様、中国の大都市の通りはタクシーであふれかえっています。タクシーに乗るなら「我想去〜.」と言いましょう。なお、「去(チュィ)」は「去る」ではなく「行く」という意味の動詞。

Dàgài　yào　duōshǎo　qián　ne
ダァガイ ヤオ ドゥオシャオチエン ナ

大概要多少钱呢?

「大概(ダァガイ)」で「だいたい」。文末の「呢(ナ)」は疑問文の最後につけて、相手に答えをうながす感じを出します。ちなみに、ここからの所要時間をきく場合は、「从(Cóng)(ツォン)这儿要多长(duōcháng)(ドォール ヤオドゥオチャン)时间(シイジエン)?」です。

Wǒ xià chē　Qǐng tíng chē ba
ウォ シャァチォー チン ティンチォー バ

我下车. 请停车吧!

目的地までもう歩いていけるところまで来たとき、あるいは、突然トイレに行きたくなったときなど、「とにかく降りたい」というときに使えるフレーズです。

方向・方角～セットでまとめて覚えよう

ゼン まえ	**前 ↔ 後** F　　B	ゴ うしろ・あと
サ ひだり	**左 ↔ 右** L　　R	ユウ・ウ みぎ
トウ ひがし	**東 ↔ 西** E　　W	サイ・セイ にし
ナン みなみ	**南 ↔ 北** S　　N	ホク きた
ジョウ うえ・かみ	**上 ↔ 下** UP　DOWN	ゲ・カ した・しも
ナイ うち	**内 ↔ 外** IN　OUT	ガイ・ゲ そと

qián 前 ⟷ 后 hòu
チエン　　　　　　　　　　ホゥ

「前後」は中国語では「前后（チエンホゥ）」になります。

zuǒ 左 ⟷ 右 yòu
ヅォ　　　　　　　　　　ヨゥ

数量のあとに「～左右（ヅォヨゥ）」で「～ぐらい」という意味でも使う。

dōng 东 ⟷ 西 xī
ドン　　　　　　　　　　シー

不思議なことに「东西（ドンシ）」で「もの」の意に（例「买东西（マイドンシ）」＝買い物）。

nán 南 ⟷ 北 běi
ナン　　　　　　　　　　ベイ

「南側／北側」は「南边／北边（ナンビエン／ベイビエン）」あるいは「南面／北面（ナンミエン／ベイミエン）」。

shàng 上 ⟷ 下 xià
シャン　　　　　　　　　　シャア

「上側／下側」は「上边／下边（シャンビエン／シャビエン）」あるいは「上面／下面（シャンミエン／シャアミエン）」。

lǐ 里 ⟷ 外 wài
リィ　　　　　　　　　　ワィ

「内側／外側」は「里边／外边（リィビエン／ワイビエン）」あるいは「里面／外面（リィミエン／ワイミエン）」。

レストランや食堂で ①

腹ぺこなので少々せっかちになっています

すみませーん。メニューをください。

やっぱり、とりあえずビールですか？

まず生ビールをください。

さあ、ビールが来ました。「乾杯」です

カンパーイ！

Láo jià　　Qǐng gěi　wǒ　càidān
ラオ ジャア　チン ゲイ ウォ ツァイダン
劳驾！请给我菜单.

「メニュー」は「菜单」。「菜」だから「菜っぱ？」と思うのはまちがい。
「菜」は「料理」のこと。ちなみに、中国語で「料理」は、
「料理家务」(リャオリィジャーウー)(＝家事をきりもりする) など、「処理する」の意。

Qǐng xiān gěi　wǒ　píjiǔ
チン シエン ゲイ ウォ ピイヂュウ
请先给我啤酒.

「请」のあとの「先」が「とりあえず」「まず」というニュアンス
を出してます。中国でビールと言えば、「青岛（Qīngdǎo）啤酒」。
ちなみに、「生ビール」は「鲜（xiān）啤酒」「生（shēng）啤酒」。

Gān　bēi
ガン ベイ
干杯！

英語なら「Cheers!」です。中国では、はじめだけでなく、
食事の途中でも何度も「ガンベイ」します。
「为我们的友谊干杯！」(ウェイ ウォメン ダ ヨウイー ガンベイ)(＝わたしたちの友情に乾杯！)。

レストランや食堂で ❷

名店は予約したほうがいいでしょう。
時間と人数ははっきりとね

〔7〕時に〔2〕人で予約したいです。

予約しないと入れないお店に、
加藤さん、満を持してやってきました……

予約をしている加藤です。

あまり時間がないので、
早くできるものが食べたい

それはすぐできますか？

Qī diǎn wǒ xiǎngdìng liǎng ge zuòwèi
チー ディエンウォ シャンディン リャン ガ ヅォウェイ

〔七〕点我想订〔两〕个座位.

「订」は「予約する」という動詞です。「两个座位」で「座席を2席」。このように数量の「2つ」の場合は「二 (èr) 个」ではなく「两 (liǎng) 个」を使う決まりになっています。

Wǒ shì yǐjing yǒu yùyuē de Jiāténg
ウォ シー イーヂン ヨウ ユィユエ ダ ジャートゥン

我是已经有预约的加藤.

「预约」は日本語の「予約」。「已经有预约的」(=すでに予約をしている)は、うしろの「加藤」を修飾しています。「我叫加藤 在这儿预订了座位.」のように名前から言ってもOK。

Zhè shì néng mǎshang zuò hǎo de ma
ヂョー シー ノン マァシャン ヅォ ハオ ダ マ

这是能马上做好的吗?

「能」は「〜できる」(英語の「can」に相当)。「马上」は「すぐに」という副詞で、そのあとの動詞「做好」を修飾し、「能马上做好的」で「すぐにつくれる(もの)」となります。

※「马」は「馬」の簡体字

レストランや食堂で ❸

選ぶのがめんどうだったら、おすすめの料理をききましょう

ここは何がおすすめですか?

店員さんのおすすめに決めました

じゃ、それにします。

たのんでいない料理が出てきたときに

この料理は注文していません。

Zhèr yǒu shénme tèsè cài
ヂォール ヨウ シャンマ トォースォーツァイ

这儿 有 什么 特色菜？

中国語の例文を直訳すると「ここは、どんなおすすめ料理がありますか？」。「什么」はここでは「どんな〜」。そのあとの「特色菜」（＝おすすめ料理）にかかっています。

Nà wǒ yào zhège ba
ナァ ウォ ヤオ ヂョーガ バ

那 我 要 这个 吧.

「那」は「それでは」。
「要」はレストランでは「ください」の意味です。

Wǒ méi yǒu diǎn zhège cài
ウォ メイ ヨウ ディエン ヂョーガ ツァイ

我 没有 点 这个 菜.

ここの「点」は「注文する」という動詞です。
その前の「没有」が否定の意味なので、ここでは「注文していません」という訳になります。

レストランや食堂で ④

> ようやく料理が出てきました。

**おなかペコペコ。
さあ、食べよう。**

> 料理をみて。中国人は「おいしそう」よりも、こちらの表現をよく使います

いいにおいですね。

> たのんだものの、はじめての料理で、食べ方がわからないときに……

この料理はどうやって食べるのですか？

È de yào sǐ le　　Nàme　　chī ba
ウゥ ダ ヤォ スゥ ラ　ナァマ　チー バ
饿得要死了. 那么, 吃吧.

「饿」は「おなかがすいた」ということ。
「要死」は強調。「得要死」で「とても～だ」と訳します。
そのあとの「那么」は「それじゃあ」というニュアンスです。

Hǎo xiāng　a
ハオ シャン　ア
好香啊.

日本料理は目で楽しむと言いますが、中国料理は香りと味。
そのへんのちがいが「おいしそう」の言い方のちがいに
あらわれているのかもしれません。

Zhège　　cài　　zěnme　　chī
ヂョーガ　ツァイ　ザン　マ　チー
这个菜怎么吃?

たとえば、「北京烤鸭（Běijīng kǎoyā）」(＝北京ダック) などは、
上のように言って、教わりながら食べたほうが、
よりおいしく食べられます。

レストランや食堂で ❺

食べておいしいときは、こう言おう。
きっと、もっとおいしくなりますよ

（食べ物が）おいしい！

飲んでおいしいときは、こう言います

（飲み物が）おいしい！

おいしいけど辛い。口から火が出そう

ちょっと辛いです。
お水ください。

Hěn hǎo chī
ヘン ハオ チー
很好吃！

もうたまらないくらいおいしいときは、
「太好吃了！」を使おう。

Hěn hǎo hē
ヘン ハオ ホー
很好喝！

飲み物を飲んだときに言う「おいしい」は、「很好喝」です。「好吃」と「好喝」、ちゃんと使い分けてね。相手が「很好喝」と言ったら、「再来一杯」（＝もう一杯どう？）とすすめましょう。

Yǒudiǎnr là　　Qǐng gěi wǒ yì bēi shuǐ
ヨウ ディアル ラァ　チン ゲイ ウォ イー ベイシュエイ
有点儿辣．请给我一杯水．

「有点儿」は「すこし」。「辣」は「辛い」。
「辣油」（ラー油）の「辣」だから、みたことあるでしょ。

レストランや食堂で ⑥

前ページ「おいしい」「辛い」以外の
リアクションフレーズも念のため……

甘い／しょっぱい／すっぱい／にがい

ギョウザも追加したいとき

それからギョウザもください。

これ以上飲めないと思ったら、このひとこと

すこし酔いました。

tián　xián　suān　kǔ
ティエン　シエン　スアン　クゥ
甜／咸／酸／苦

「まずい」なら「不好吃(ブゥハオチー)」。このリアクションフレーズは、できれば使う場面に遭遇したくないけどね。

Hái　yào　jiǎozi
ハイ　ヤオ　ジャオズ
还 要 饺子.

「还(ハイ)」は「さらに加えて」というニュアンスです。「饺子」以外に「小龙包(シャオロンバオ)」(ショーロンポー)や「春卷(チュンジエン)」(はるまき)、「炒饭(チャオファン)」(チャーハン)や「汤(タン)」(スープ)など、いろいろ応用して追加注文しよう。

Yǒudiǎnr　zuì　le
ヨゥ　ディアル　ツェイ　ラ
有点儿醉了.

中国のお酒はアルコール度数が高いのがあるから気をつけてね。ベロンベロンになっちゃうよ。「有点儿(ヨゥディアル)」は「すこし」。「醉(ツェイ)」は「酔う」。「喝醉了(ホーツェイラ)」でもOK。

レストランや食堂で ❼

満腹です。もう入りません

おなかいっぱいです。

食べきれなかったときは、
こう言って包んでもらおう

テイクアウトしたいです。
包んでください。

食後の一服をしたい人は、
こう言えば灰皿をもらえます

灰皿をください。

Chī bǎo le
チー バオ ラ

吃饱了!

「ごちそうさま」というニュアンスでも使えるよ。「食べきれません」なら「吃不下(chībuxià)了」。中国料理はたいがい食べきれないほど出てくるので「吃不下了」という事態になります。

Wǒ xiǎng dài zǒu　　Qǐng bāo yíxià
ウォ シャン ダイ ゾウ　　チン バオ イーシャア

我想带走. 请包一下.

「带」は「もって」、「走」は「行く」。持ち帰り、つまり「テイクアウト」。「一下」は「ちょっと〜してください」。

Qǐng gěi wǒ yān huī dié
チン ゲイ ウォ イエンホェイディエ

请给我烟灰碟.

「烟灰碟」で「灰皿」。
「烟灰缸 (yānhuīgāng)」とも言います。

レストランや食堂で ❽

食べ終わったので、お勘定です。

お会計おねがいします。

中国ではあまり割り勘はしません。
おごったり、おごられたり……

きょうは、わたしがおごります。

どうしても割り勘にしたいときは……

割り勘にしてください。

Qǐng　　jiézhàng
チン　　ジエ ヂャン
请 结帐.

「结帐」のかわりに「算帐 (suàn zhàng)」も使います。また最近は「埋单 (mǎidān)」という言い方がよく使われています。

Jīntiān　　wǒ　qǐng　kè
ジンティエンウォ　チン クォー
今天我请客.

おごってもらったときは、「谢谢. 下次我请客.」(＝ありがとうございます。次は、わたしがおごりますから) と言います。

Qǐng　fēnbié　suàn zhàng　ba
チン　フェン ビエ　スアンヂャン　バ
请分别算帐吧.

学生どうしならまだしも、いい大人が割り勘ではみっともない、というのが面子にこだわる中国人の考え方。ちなみに、「割り勘」を中国語にするなら「均摊 (jūntān)」。

レストランや食堂で ⑨

「甘いものは別腹!?」 デザートいろいろ

あんまん

杏仁豆腐

ごま揚げ団子

アイスクリーム

シャーベット

マンゴープリン

タピオカ

dòushā bāozi
ドゥ シャ バォ ズ
豆沙包子

「にくまん」なら「肉包子（ròubāozi）」です。

xìngrén dòufu
シン レン ドゥ フ
杏仁豆腐

中国語は「アンニン」ではなく「シンレン」になるからね。

zhīmáqiú
ヂー マー チゥ
芝麻球

たんに「麻球」（máqiú）ともいいます。

bīngjilíng
ビン ヂィ リン
冰激凌

「冰淇淋」（bīngqílín）とも。「冰」は「氷」のこと。

guǒzilù bīnggāo
グォ ズ ルー ビン ガォ
果子露冰糕

「果子露」だけだと「シロップ」。これにも「冰」がついています。

mángguǒ bùdīng
マン グォ ブー ディン
芒果布丁

中国南方では「布丁」のかわりに「布甸」と書きます。

xīmǐlù
シー ミー ルー
西米露

よく冷えた「ぷにぷに」の食感がまさに心にも歯にも「しみる」。
タピオカ入りミルクティーは「珍珠（zhēnzhū）奶茶」とも。

レストランや食堂で ❿

「追加の一杯！」 お酒・お茶・コーヒーなど

お水おかわり。

ホットコーヒー

レモンティー

ジャスミン茶

紹興酒

白ワイン

パイチュー

Zài lái yì bēi shuǐ
ヅァイ ライ イー ベィ シュェイ
再来一杯水.

前に「请」をつけると少し丁寧になります。

rè kāfēi
ルァー カー フェィ
热咖啡

「アイスコーヒー」は「冰咖啡」（bīngkāfēi）です。

níngméngchá
ニン モン チャー
柠檬茶

「ミルクティー」は「奶茶」（nǎichá）といいます。

mòlìhuāchá
モー リー ホゥ チャー
茉莉花茶

「花茶」だけでも通じます。

shàoxīngjiǔ
シャォ シン ヂゥ
绍兴酒

中国の代表的な醸造酒。浙江省紹興市の名産です。

bái pútáojiǔ
バィ プー タォ ヂゥ
白葡萄酒

「赤」は「红（葡萄）酒」、「赤ワイン」は「桃红葡萄酒」といいます。

báijiǔ
バィ ヂゥ
白酒

中国の伝統的な蒸留酒。
アルコール度数 50％以上のものもある。

ショッピング ❶

> デパートは急成長の中国を実感できる場所。
> 大都市には大きなデパートがかならずあります

この町いちばんの
デパートに行きたいです。

> デパートで。おめあての売場が
> 何階にあるかをきくひとこと

すみません。
～売場は何階ですか？

> ショーケースの品物をさしながら

ちょっとそれを
見せてください。

Wǒ xiǎng qù zhège chéngshì zuìdà de bǎihuògōngsī
ウォ シャン チュィ ヂォー ガ チョン シー ヅェィ ダァ ダ バイ フォ ゴン スー

我想去这个城市最大的百货公司.

ちょっと長いからむずかしかったかな？「我想去～」は「～に行きたい」。「这个城市最大的」（＝この町で最大の）は、そのあとの「百货公司」（＝デパート）にかかっています。

Qǐng wèn Shòu chù zài jǐ lóu
チン ウェン ショウ チュー ヅァイ ヂィ ロウ

请问. 售～处在几楼?

「～売場」は「售～处」あるいは「卖～处」。「くつ売場」なら「售鞋处（shòuxiéchù）」。「カバン売場」なら「售包处（shòubāochù）」です。「在几楼」で「何階にありますか」。「几」は数をきく疑問詞です。

※「几」は「幾」の簡体字

Qǐng gěi wǒ kàn yi kàn nàge
チン ゲイ ウォ カン イ カン ナァ ガ

请给我看一看那个.

上はていねいな言い方。「看一看」「看一下」（＝見せて）だけでもOK。例文の「那个」のところを「那个红色的」（＝その赤いやつ）、「那个白色的」（＝その白いやつ）などに変えて使ってみよう。

ショッピング ❷

お気に入りの服を見つけたときに

試着してもいいですか？

サイズが合わなかったのでひとこと

ちょっと大きいです。
ちがうのはありますか？

「サイズがぴったり！」というときのひとこと

ちょうどぴったりです。

Kěyǐ shì chuān yíxià ma
クゥイー シィ チュアン イーシャア マ

可以试穿一下吗？

「穿」は「くつをはく」ときにも使う動詞なので（＝穿 鞋(チュァン シエ)）、
上の例文は、服を試着するときだけでなく、
くつ（鞋）をはいてみたいときにも使えます。

Yǒudiǎnr dà　　Yǒu méi yǒu bié de
ヨウ ディアル ダァ　　ヨウ メイ ヨウ ビエ ダ

有点儿大．有没有别的？

「有点儿」は「すこし」。「すこし小さい」なら「有点儿小（xiǎo(シャオ)）」、
「すこしきつい」なら「有点儿紧（jǐn(ジン)）」。「长（cháng(チャン)）」
「短（duǎn(ドゥァン)）」など形容詞をいろいろ当てはめて応用できます。

Zhèng héshì
ヂョン ホーシィ

正 合适．

「正合适」はいろんな場合の「ぴったり」に使えます。
「适」は「適」の簡体字です。

ショッピング ❸

買いたいけれど、ちょっと高そう……

これ、ほしいのですが、おいくらですか？

思ったよりも高かったときに言いましょう

ちょっと高いなあ。

中国では「値段は交渉しだい」の場合も多いので、ためしに言ってみる価値は大いにあります

ちょっとまけてよ。

Wǒ yào zhège. Duōshǎo qián
ウォ ヤォ チョーガ ドゥオシャオチエン
我要这个. 多少钱?

「我要这个.」のかわりに、「我想买(mǎi)这个.」(=これを買いたい)と言ってもOK。ただし、「买」(「買」の簡体字)の発音に注意。「mài」と発音すると「売りたい」になっちゃうから。

Yǒudiǎnr guì
ヨウ ディアル グイ
有点儿贵.

「贵」は「値段が高い」。「有点儿」は「すこし」。ちょっとどころでなく、かなり高いと思ったときは「太贵了!」(=値段、高すぎ!)と言いましょう。「太〜了」で「すごく〜だ」「〜すぎる」です。

Piányi yìdiǎnr
ピエンイ イー ディアル
便宜一点儿.

「便宜」は「値段が安い」という意味。すこしでもまけてもらうと、得した気分になれますし、買い物も楽しくなります。

ショッピング ❹

「まけてよ」といったら、ダメだって。
しかたがない、ほかのでがまんしよう

ほかにもっと安いのは
ありますか？

お釣りがあるはずなのに、なぜかレジのおねえさんが
いつまでもお釣りをくれない。そんなときのひとこと

お釣りがまだなんですが…

カードで支払いたいとき

クレジットカードは
使えますか？

Yǒu zài piányi de ma
有再便宜的吗?

「有~吗?」で「~はありますか?」という疑問文。
「再便宜的」で「もっと値段が安いの」。

Nín hái méi zhǎo qián ne
您还没找钱呢.

例文を直訳すると「あなたはまだ釣り銭をだしていませんよね」。
「找」は本来は「さがす」という意味。ここでは「釣り銭をだす」という意味。なお、「レジ」は「收款处（shōukuǎnchù）」と言います。

Néng shuā kǎ ma
能刷卡吗?

「能~吗?」で「~できますか?」。「刷」は「こする」。「卡」は「カード」。カード面を機械でこすって読みとるところから、「刷卡」で「カードで払う」という意味に。「可以用信用卡（xìnyòngkǎ）吗?」でもOK。

ショッピング ❺

デザインが気に入らないとき

このデザインは好きじゃないです。

中国のおみやげで一番人気は「お茶」。
お茶の種類もいろいろありますよ

烏龍茶とプーアル茶を買いたいです。

音楽好きの方のために。
中国語の勉強もかねて現地盤をさがしてみる？

ＣＤが買いたいです。

Wǒ bù xǐhuān zhèyàngde tú'àn
ウォ ブゥ シーホアン ヂョーヤン ダ トゥー アン
我不喜欢这样的图案.

「不喜欢〜」で「〜が好きではない」。「色が気に入らない」なら
「不喜欢颜色（yánsè）」。「这样的」は「このような」。「图案」は
日本の漢字では「図案」。ここでは「デザイン」「模様」の意。

Wǒ xiǎng mǎi wūlóngchá hé pǔ'ěrchá
ウォ シャン マイ ウーロンチャ ホオ プウアルチャ
我想买乌龙茶和普洱茶.

例文の「我想买」のところは第3声が連続するので、
実際は「Wó xiáng mǎi」と読みます。
同様に、「普洱」も「pú'ěr」と読みます。

Wǒ xiǎng mǎi guāngdié
ウォ シャン マイ グアンディエ
我想买光碟.

「ＣＤ」は「光碟」。相手が若い人なら「シーディー」でも通じます。
「わたしは音楽が好きです」は「我喜欢音乐（yīnyuè）」。

薬局・病院で ❶

風邪は万病のもとです

風邪をひきました。

いろいろな風邪の初期症状です

熱があります。

よくセキが出ます。

気分が悪いです。

食欲がありません。

頭がくらくらします。

Gǎn mào le
ガンマオラ
感冒了．

「風邪」は「感冒(ガンマオ)」、「風邪薬」は「感冒药(ガンマオヤオ)」と言います。ちなみに、「インフルエンザ」は「流行性感冒（liú xíng xìng gǎn mào）(リウシンシンガンマオ)」、略して「流感（liúgǎn）(リウガン)」と言います。

Fāshāo le
ファーシャオ ラ
发烧了．

Késou de lì hai
クォー ソウ ダ リィ ハイ
咳嗽得厉害．

Bù shūfu
ブゥ シュー フ
不舒服．

Méi yǒu shíyù
メイ ヨゥ シー ユィ
没有食欲．

Tóu yùn
トゥ ユン
头晕．

薬局・病院で ❷

つらいときにはまわりの人にたよりましょう

病院につれていってください。

内臓のいろいろ

肺　　　心臓

肝臓　　　胃

大腸　　小腸

腎臓　ぼうこう　盲腸

Qǐng dài wǒ qù yīyuàn
チン ダイ ウォ チュィ イーユエン
请带我去医院.

「带我去〜」で「わたしを〜につれていって」です。
中国では「病院」とは言わず「医院」です。

fèi
フェイ
肺

xīnzàng
シンヅァン
心脏

gānzàng
ガンヅァン
肝脏

wèi
ウェイ
胃

dàcháng
ダァチャン
大肠

xiǎocháng
シャオチャン
小肠

shènzàng
シエンヅァン
肾脏

pángguāng
パングアン
膀胱

mángcháng
マンチャン
盲肠

ちなみに「内臓」は「内脏 (nèizàng)」と言います。

薬局・病院で ③

※「头」は「頭」の簡体字

tóu fa 头发	トウファ	(かみのけ)
nǎo zi 脑子	ナオズ	(脳)
tóu 头	トウ	(あたま)
liǎn 脸	リエン	(かお)
yǎn jīng 眼睛	イエンチン	(目)
bí zi 鼻子	ビイズ	(鼻)
gē bo 胳膊	グォーボ	(うで)
ěr duo 耳朵	アールドゥオ	(みみ)
zhǒu 肘	チョウ	(ひじ)
zuǐ 嘴	ヅェイ	(くち)
yá chǐ 牙齿	ヤアチィ	(は)
shé tou 舌头	シャートウ	(した)
sǎng zi 嗓子	サンズ	(のど)
dù zi 肚子	ドゥーズ	(はら)
bó zi 脖子	ボーズ	(くび)
jiān bǎng 肩膀	ジエンバン	(かた)
xiōng 胸	ション	(むね)
bèi 背	ベイ	(せなか)

136

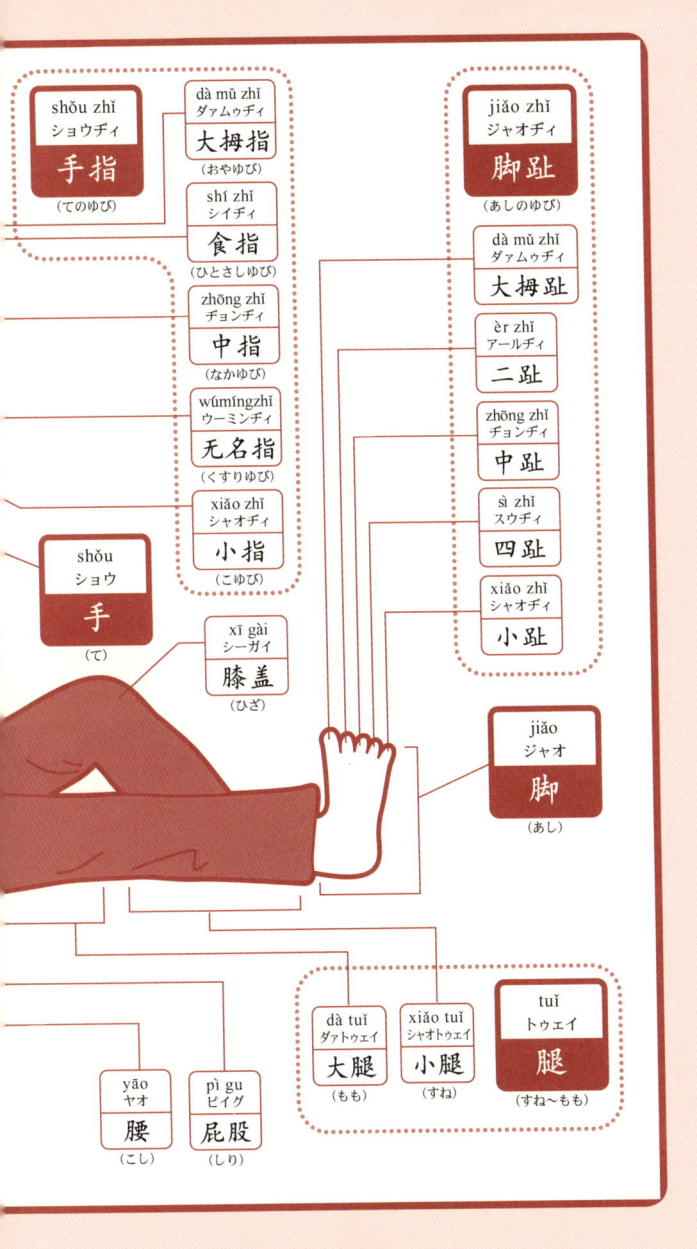

中文	ピンイン	カタカナ	日本語
手指	shǒu zhǐ	ショウヂィ	てのゆび
大拇指	dà mǔ zhǐ	ダァムゥヂィ	おやゆび
食指	shí zhǐ	シィヂィ	ひとさしゆび
中指	zhōng zhǐ	ヂョンヂィ	なかゆび
无名指	wúmíngzhǐ	ウーミンヂィ	くすりゆび
小指	xiǎo zhǐ	シャオヂィ	こゆび
手	shǒu	ショウ	て
脚趾	jiǎo zhǐ	ジャオヂィ	あしのゆび
大拇趾	dà mǔ zhǐ	ダァムゥヂィ	
二趾	èr zhǐ	アールヂィ	
中趾	zhōng zhǐ	ヂョンヂィ	
四趾	sì zhǐ	スゥヂィ	
小趾	xiǎo zhǐ	シャオヂィ	
膝盖	xī gài	シーガイ	ひざ
脚	jiǎo	ジャオ	あし
腰	yāo	ヤオ	こし
屁股	pì gu	ピィグ	しり
大腿	dà tuǐ	ダァトゥエイ	もも
小腿	xiǎo tuǐ	シャオトゥエイ	すね
腿	tuǐ	トゥエイ	すね〜もも

薬局・病院で ❹

べつに体の部位を知らなくても、
指でさせるところなら、このフレーズを

ここが痛いです。

中国も血液型は「A・B・O・AB」でOK

わたしの血液型は
～型です。

日本の漢字そのままの「顔色」では、
中国語では通じません

顔色がよくない
みたいですよ。

Zhèr téng
チョール トン

这儿疼．

「疼」で「痛い」という意味。「按摩（ànmó）」(＝マッサージ)に行ったときに「肩が痛いので、もんでください」と言うなら、「肩膀疼，按摩一下」と言いましょう。

Wǒ de xuèxíng shì xíng
ウォ ダ シュエシン シィ シン

我的血型是〜型．

「血液型」は「血型」。関連語としては、「血液」は「血液（xuè yè）」、「輸血」は「输血（shū xuè）」、「貧血」は「贫血（pín xuè）」。

Wǒ kàn nǐ de liǎnsè bù hǎo
ウォカン ニィ ダ リエンスゥ ブゥハオ

我看你的脸色不好．

中国語では「颜色」はたんに「色」という意味。日本語の「顔色」にあたる中国語は「脸色」。また、「我看〜」で「わたしには〜のようにみえる」という意味。

いよいよ帰国

リコンファーム（事前確認）は忘れずに

チケットの確認を したいのですが……

空港で搭乗口はどこかをきくときのひとこと

ゲートはどこですか？

空港の航空会社のカウンターで。
広大な中国大陸を見下ろして帰りたいので……

窓側の席をお願いします。

Wǒ xiǎng quèrèn yíxià jīpiào
ウォ シャン チュエレン イーシャア ジーピャオ

我想确认一下机票．

「确认」は日本の漢字では「確認」。
「机票」は「飞机（fēi jī）」(＝飛行機)のチケット。

Dēngjīkǒu zài nǎli
ドゥンジー コウ ヅァイ ナアリィ

登机口在哪里？

「登机口」で「搭乗ゲート」。

Qǐng gěi wǒ kào chuāng de zuòwèi
チン ゲイ ウォ カオ チュアン ダ ヅォウェイ

请给我靠窗的座位．

「靠窗的」で「窓側の」。「窗」は「窓」の簡体字です。
「通路側の席」なら「靠通道（tōng dào）的座位」です。

いろいろ使える基本文 ❶

英語だと「I'm …」です

わたしは〜です。

英語だと「I have …」です

わたしは〜を持っています。

英語だと「I want …」です

わたしは〜がほしいです。

Wǒ shì
ウォ シィ
我 是 〜.

「わたしは〜ではない」は「我不是〜」。
ウォブシィ

Wǒ yǒu
ウォ ヨウ
我 有 〜.

「わたしは〜持っていない」は「我没有〜」。
ウォメイヨウ

Wǒ xiǎng yào
ウォ シャン ヤオ
我 想 要 〜.

「わたしはこれがほしい」は「我想要这个」。
ウォシャンヤオヂョーゴ

いろいろ使える基本文 ❷

英語だと「Please …」ですね

〜してください。

英語だと「Please give me …」ですね

わたしに〜をください。
（〜をお願いします。）

英語だと「Please show me …」ですね

〜を見せてください。

Qǐng nín
チン ニン
请（您）～.

「空港へ行ってください」は「请到机场(チンダオジーチャン)」。

Qǐng gěi wǒ
チン ゲイ ウォ
请给我 ～.

「切符をください」は「请给我票(チンゲイウォピャオ)」。

Qǐng gěi wǒ kàn kan
チン ゲイ ウォ カン カン
请给我看看 ～.

「看看(カンカン)」と動詞を重ねると「ちょっと～する」という意味に。
かわりに「看一看(カン イ カン)」「看一下(カンイーシャア)」でもOK。

いろいろ使える基本文 ❸

英語だと「Can you …?」ですね

～できますか？

英語だと「May I …?」ですね

～してもいいですか？

英語だと「I must …」です

わたしは～しなければなりません。

Néng bu néng　　　　Huì bu huì
ノン ブ ノン　　　　ホェイ ブ ホェイ
能不能〜？／会不会〜？

それぞれ「能〜吗？」「会〜吗？」でもOK。

Kěyǐ　　　　ma
クォーイー　　　マ
可以 〜吗？

「写真をとってもいいですか？」は「可以拍照吗？」。

Wǒ　　yídìng　yào
ウォ　イーディン　ヤオ
我一定要〜.

「一定」は「必ず」の意。
「一定要」のかわりに「必须（bì xū）」を使ってもよい。

いろいろ使える基本文 ❹

英語だと「I want to…」ですね

わたしは〜したいです。

英語だと「How much?」です

いくらですか？

英語だと「Where is …?」です

〜はどこですか？

Wǒ xiǎng
ウォ シャン
我 想 ～.

「わたしはオリンピック・スタジアムに行きたい」は
「我想去 奥林匹克（Àolínpǐkè）体育场（tǐyùchǎng）」。
ウォシャンチュイ オリンピークゥ　　　　　　ティユィチャン

Duōshǎo qián
ドゥオシャオチエン
多少钱？

「これいくら？」なら「这个多少钱？」
チョーガ ドゥオシャオチエン

---

zài nǎr
ツァイ ナール
～在哪儿？

「哪儿」のかわりに「哪里（nǎli）」を使ってもよい。
ナール　　　　　　　　　ナアリ

いろいろ使える基本文 ❺

「出発点」と「到達点」の言い方

〜から…まで

所要時間をたずねる言い方

どのぐらい時間が
かかりますか？

信じられないようなことを
相手が言ったときはすかさず……

本当ですか？

cóng　　dào
ツォン　　ダオ
从～ 到…

「ここからそこまで」なら「从这里 到那里」、
「北京から上海まで」なら「从北京 到上海」。

※「从」は「従(從)」の簡体字

Yào　duō cháng　shíjiān
ヤオ ドゥオチャン シイジェン
要多长时间？

「多长时间」で所要時間をたずねる文がつくれます。

※「长」は「長」の簡体字

Zhēn　de　ma
ヂェン　ダ　マ
真的吗？

本当のことなら相手は「真的！」
(=本当ですよ！)と言うでしょう。

いろいろ使えるカタコトフレーズ ❶

急ぐときの決まり文句です

早く行きましょう！

人に話しかけるきっかけにもなるし、覚えておいて損はない？

いま何時ですか？

よく使う疑問詞だから覚えてね

何？／どうして？

Kuài zǒu ba
クワイ ゾウ バ
快走吧！

「走」は日本語では「はしる」ですが、中国語では「行く」という意味です。「快」は「はやく」という副詞で、うしろの「走」にかかっています。中国語では動詞の前に副詞がきます。

Xiànzài jǐ diǎn zhōng
シエンヅァイ ジイディエン （ヂョン）
现在几点（钟）？

「何時何分？」なら「几点几分？」です。ちなみに、中国と日本の時差は1時間。日本が朝の8時なら、中国は朝の7時です。

Shénme　　　　　Wèishénme
シェンマ　　　ウェイ シェンマ
什么？／为什么？

「什么」は「何」という疑問詞。英語の「what」です。
日本語では「为什么」は字面をそのまま訳せば「何の為に」、つまり「なぜ」「どうして」という疑問詞。英語の「why」です。

いろいろ使えるカタコトフレーズ ❷

なにか期待はずれな事態が起きたときに

残念です。

仕事が終わったときにねぎらいのひとこと

お疲れさま。

相手がへこんでいるとき

がんばれー！

Hěn yíhàn

ヘン イーハン

很遗憾.

「遗憾(イーハン)」で「残念だ」。日本の漢字では「遺憾(いかん)」です。
日本では政治家やえらい人がよく使うけど、
中国ではとても一般的なことばです。

Xīnkǔ le

シン クゥ ラ

辛苦了.

「辛苦(シンクゥ)」は「苦労する」「骨が折れる」という意味です。
「お疲れさまです」は日本では会社などで帰りぎわに
よく耳にしますが、中国ではあまり使われません。

Jiā yóu ba

ジャー ヨウ バ

加油吧.

「油を加える」で「がんばれ」という意味です。
ちなみに、「加油站(ジャーヨウチャン)(zhàn)」だと「ガソリンスタンド」。

いろいろ使えるカタコトフレーズ ❸

だいじな友だちとしばらく会えないとき

お元気で。

新年のあいさつです

明けましておめでとうございます。

旅だつ相手におくる決まり文句の四字熟語

旅の安全を。
（道中ご無事で。）

Qǐng bǎo zhòng
チン バオ ヂョン
请保重.

「保重(バオヂョン)」は「体をだいじにする」という意味で、「お大事に」の意味でもよく使われます。

Xīnnián hǎo
シン ニエン ハオ
新年 好!

元旦にも旧正月(中国ではこちらのほうが盛大)にも使えます。

Yí lù píng'ān
イー ルゥ ピン アン
一路 平安.

中国では話しことばのなかにも四字熟語がよく登場します。「一路(イールゥ)順风(shùn fēng)(シュエンフォン)」とも。もっと長く「旅途中(Lǚ tú zhōng)(リュィトゥヂョン)请多多(チンドゥオドゥオ)小心(xiǎo xīn)(シャオシン).」(=旅行中くれぐれも気をつけて)でもOKです。

カタコト・ラブラブ・フレーズ ①

気になる異性にさりげなくきいてみる？

恋人はいますか？

女性ならだれでも男性からこう言われたい

あなたは本当に
おきれいですね。

これも男性が女性をほめるときのフレーズ

あなたはとっても
かわいいですね。

Yǒu nán (nǚ) péngyou ma
ヨウ ナン （ニュィ） ポン ヨウ マ
有男(女)朋友吗？

「男(女)朋友」で「ボーイ（ガール）フレンド」。
たんなる「男ともだち」「女ともだち」というより、
恋人にちかいニュアンスです。

Nǐ zhēn piàoliang a
ニィ ヂェン ピャオリャン ア
你真漂亮啊．

「漂亮」は「きれいだ」「美しい」という形容詞。似たことばに「美丽(měilì)」がありますが、「中国有美丽的河山．」（＝中国には美しい山河がある）のように、風景や絵画が美しいときに使います。

Nǐ hěn kě'ài a
ニィ ヘン クゥ アイ ア
你很可爱啊．

日本語でも「可愛い」と書きますが、「可爱」で「かわいい」です。
上の「漂亮」（＝きれい）より、よく使われています。

カタコト・ラブラブ・フレーズ ❷

> これは男の人をほめるフレーズです

あなたはとっても かっこいいです。

> おしゃれな男性をさす、いまどきな中国語です

イケメン

> これは男女を問わず使えるほめことば。
> ちょっといまどきなフレーズです

イケてる！
（超クール！）

Nǐ hěn shuài a
ニィ ヘン シュアイ ア
你很帅啊.

「帅」は「かっこいい」という形容詞。日本の漢字では「帥」。
軍人の称号である「元帥（げんすい）」の「帥」です。
「老师(ラオシー)」(＝先生)の「师」と字が似てるから、書くときは注意してね。

shuài gē
シュアイグゥー
帅哥

日本語の「イケメン」をあえて中国語にすれば「帅哥」。
「帅」は「かっこいい」、「哥」は「お兄さん」という意味。

Hǎo kù a
ハオ クゥ ア
好酷啊！

「好(ハオ)」は「とても」、「酷(クゥ)」は「かっこいい」という意味です。
英語の「cool」(＝かっこいい)が語源。その音訳です。

カタコト・ラブラブ・フレーズ ❸

デートにさそいたいとき、まずはこのひとこと

今週の金曜日、時間ある？

お食事デートにさそうひとこと

いっしょに食事しませんか。

待ち合わせの場所を指定するひとこと

～で（あなたを）待っています。

Zhège xīngqī wǔ yǒu shíjiān ma
ヂョーガ　シンチー　ウゥ　ヨウ　シージエン　マ
这个星期五 有时间吗？

「金曜日」は「星期五」。
「这个星期五」で「今週の金曜日」です。

Yìqǐ chī fàn ba
イーチィ　チーファン　バ
一起 吃饭 吧.

「一起〜吧」で「いっしょに〜しましょう」。
英語の「Let's...」「Shall we...?」ですね。
ちなみに「デート（する）」は「约会（yuēhuì）」。

Wǒ zài děng nǐ
ウォ　ヅァイ　ドゥン　ニィ
我 在〜 等 你.

「等」は「待つ」という意味。「在〜」で「〜で」。
「〜」に場所を入れて使ってください。たとえば「○○ホテルの
ロビーで待ってます」なら、「我在○○饭店的大厅等你」。

カタコト・ラブラブ・フレーズ ❹

いきなり言うと怪しまれるかも

（わたしは）あなたが好きです。

これも、言うのに
ちょっと勇気がいるひとことです

わたしのカレ（カノジョ）になってください。

冗談半分で言わないでね

結婚してください。

Wǒ xǐhuan nǐ
ウォ シー ファン ニィ
我喜欢你.

「我喜欢你」で「わたしはあなたが好きだ」。英語の「I like you.」です。もっと強く愛を告白するなら「我爱你」。これは英語の「I love you.」ですね。わたしも大事な人に言われたいなあ。

Zuò wǒ nán (nǚ) péngyou hǎo ma
ヅォ ウォ ナン (ニュィ) ポン ヨウ ハオ マ
做我男(女)朋友, 好吗?

「做〜」は「〜になる」。国籍も国境も超えた日中友好の架け橋となる恋愛なんて、とてもステキですね。

Jiéhūn ba
ジエ フン バ
结婚吧.

せめて相手が独身かどうか確かめてから、上の例文は使ってください。ちなみに、「あなたは結婚していますか?」は「你结婚了吗?」です。

相手のことをたずねるフレーズ ❶

相手が目上の場合の年齢をきくひとこと

あなたは今年おいくつになられるのですか？

相手が小さい子の場合の年齢をきくひとこと

きみ、いまいくつ？

誕生日をきくひとこと

誕生日は何月何日ですか？

Nín jīnnián duōdà suìshu
ニン ジン ニエン ドゥオダァ スェィシュ
您今年多大岁数？

「多大岁数」は、おもに目上の人に対して年齢をきく場合に使います。「岁」は「歳」という字の簡体字です。「岁数」のかわりに「年龄（niánlíng）」「年纪（niánjì）」を用いてもOK。

Nǐ xiànzài jǐ suì
ニィ シェンヅァイ ジイ スェィ
你现在几岁？

相手が子どものときは「多大岁数？」ではなく「几岁？」を使います。「几」は「幾」の簡体字。

Nǐ de shēngrì jǐ yuè jǐ hào
ニィ ダ ション リィ ジィ ユェ ジィ ハオ
你的生日几月几号？

「誕生日」は「生日」。
「几月几号」で「何月何日」。

相手のことをたずねるフレーズ ❷

> あなたはなに(年)ですか？
> ——私は◯(年)です。

ズゥ	zǐ 子(ね・ねずみ)年 1936/1948/1960/1972/1984/1996/2008	鼠 shǔ	シュ
チョウ	chǒu 丑(うし)年 1937/1949/1961/1973/1985/1997/2009	牛 niú	ニウ
イン	yín 寅(とら)年 1938/1950/1962/1974/1986/1998/2010	虎 hǔ	フゥ
マオ	mǎo 卯(う・うさぎ)年 1939/1951/1963/1975/1987/1999/2011	兔 tù	トゥ
チェン	chén 辰(たつ)年 1940/1952/1964/1976/1988/2000/2012	龙 lóng	ロン
スー	sì 巳(み・へび)年 1941/1953/1965/1977/1989/2001/2013	蛇 shé	シャー

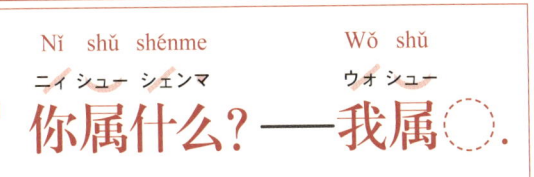

※「干支」は「干支 (gānzhī)」、「十二支」は「十二支 (shí'èrzhī)」です。

你属什么？—— 我属○.

Nǐ shǔ shénme / Wǒ shǔ
ニィ シュー シェンマ / ウォ シュー

ウゥ **wǔ 午**(うま)**年**
1942/1954/1966/1978/1990/2002/2014

mǎ 马 マァ

ウェィ **wèi 未**(ひつじ)**年**
1943/1955/1967/1979/1991/2003/2015

yáng 羊 ヤン

シェン **shēn 申**(さる)**年**
1944/1956/1968/1980/1992/2004/2016

hóu 猴 ホゥ

ヨウ **yǒu 酉**(とり)**年**
1945/1957/1969/1981/1993/2005/2017

jī 鸡 ジィ

シュィ **xū 戌**(いぬ)**年**
1946/1958/1970/1982/1994/2006/2018

gǒu 狗 ゴゥ

ハィ **hài 亥**(い・いのしし※)**年**
1947/1959/1971/1983/1995/2007/2019

zhū 猪 ヂューー

※中国語では干支の12番目は「いのしし」ではなく「ぶた」

相手のことをたずねるフレーズ ❸

出身地をきくひとこと。広い中国。
中国人どうしでもよく使うフレーズです

あなたはどちらの出身ですか？

相手の家が何人家族かをきくひとこと

あなたの家は何人家族ですか？

相手が何人きょうだいかをきくひとこと

あなたは何人きょうだいですか？

Nǐ shì shénme dìfang rén
ニィ シィ シェンマ ディーファン レン
你是什么地方人？

「什么地方」は「どこ(の)」。わたしの場合は
上海生まれの上海育ちなので「我是上海人(ウォシィシャンハイレン)」とこたえます。
「～人」の「～」の部分には都市名や国名を入れて使います。

Nǐ jiā yǒu jǐ kǒu rén
ニィ ジャー ヨウ ジィ コウ レン
你家有几口人？

上の例文を直訳すると「あなたの家は何人(の人が)いますか」。
「4人家族です」とこたえるなら「四口人(スゥコウレン)」。

Nǐ yǒu jǐ ge xiōngdì jiěmèi
ニィ ヨウ ジィ ガ シォンディ ジエメイ
你有几个兄弟姐妹？

「2人(きょうだい)です」とこたえるなら「两个(リャンガ)」。
「ひとりっ子です」なら「我一个(yī ge)孩子(hái zi)(ウォイーガハイズ)」
あるいは「我独生(dú shēng)子女(zǐ nǚ)(ウォドゥションズゥニュイ)」。

家族・親族に関することば

父／母

兄／姉

弟／妹

(父方の) 祖父／(父方の) 祖母

(母方の) 祖父／(母方の) 祖母

(父方の) おじさん／(父方の) おばさん

(母方の) おじさん／(母方の) おばさん

bà ba パァ バ 爸爸	mā ma マー マ 妈妈
gē ge グゥー グゥ 哥哥	jiě jie ジエ ジェ 姐姐
dì di ディー ディ 弟弟	mèi mei メイ メィ 妹妹
yé ye イエ イェ 爷爷	nǎi nai ナイ ナィ 奶奶
wài gōng ワイ ゴン 外公	wài pó ワイ ポー 外婆
bó bo ポー ポ 伯伯	bó mǔ ポー ムゥ 伯母 （父より年上）
shū shu シュー シュ 叔叔	shū mǔ シュー ムゥ 叔母 （父より年下）
jiù jiu ジウ ジュ 舅舅	jiù mu ジウ ム 舅母

簡体字の例 (代表的な部首を中心に)

■ ごんべん〔言〕は「讠」(2画)に省略

計	記	証	訴	試	話	誕	説	語	談	請	課	誰	※例外	護
↓	↓	↓	↓	↓	↓	↓	↓	↓	↓	↓	↓	↓		↓
计	记	证	诉	试	话	诞	说	语	谈	请	课	谁		护
チィ	チィ	チョン	スゥ	シィ	ホワ	ダン	シュオ	ユイ	タン	チン	クァー	シュエイ		フゥ

■ いとへん〔糸〕は「纟」(3画)に省略

紅	約	級	紀	紙	組	線	細	経	終	紹	結	給	絶	絵	緑
↓	↓	↓	↓	↓	↓	↓	↓	↓	↓	↓	↓	↓	↓	↓	↓
红	约	级	纪	纸	组	线	细	经	终	绍	结	给	绝	绘	绿
ホン	ユエ	チィ	チィ	チィ	ズゥ	シエン	シィ	ジン	チョン	シャウ	ジエ	ゲイ	チュエ	ホエイ	リュイ

■ しょくへん〔食・飠〕は「饣」(3画)に省略

飢	飲	飯	飴	飼	飾	飽	餃	餅	餞	餓	餡	館	饒	饉	饅
↓	↓	↓	↓	↓	↓	↓	↓	↓	↓	↓	↓	↓	↓	↓	↓
饥	饮	饭	饴	饲	饰	饱	饺	饼	饯	饿	馅	馆	饶	馑	馒
チー	イン	ファン	イー	スゥ	シィ	バオ	チャオ	ビン	チエン	ウー	シエン	グァン	ラオ	ジン	マン

■ うま/うまへん〔馬〕は「马」(3画)に省略

馬	馮	碼	馳	駆	駐	駱	験	騎	騒	駕	罵	驀	※例外	驚
↓	↓	↓	↓	↓	↓	↓	↓	↓	↓	↓	↓	↓		↓
马	冯	码	驰	驱	驻	骆	验	骑	骚	驾	骂	蓦		惊
マァ	フォン	マァ	チィ	チュイ	チュー	ルォ	イエン	チィ	サオ	チャ	マァ	モォ		チン

■ もん/もんがまえ〔門〕は「门」(3画)に省略

門	閃	問	閉	閔	悶	閑	閨	聞	閥	閣	閲	※例外	開
↓	↓	↓	↓	↓	↓	↓	↓	↓	↓	↓	↓		↓
门	闪	问	闭	闵	闷	闲	闺	闻	阀	阁	阅		开
メン	シャン	ウェン	ビィ	ミン	メン	シエン	ジエン	ウェン	ファ	ガァー	ユエ		カイ

■ かい/かいへん〔貝〕は「贝」(4画)に省略

貝	狽	貞	貢	員	責	質	貿	費	貴	賞	賽	財	敗	販	贈
↓	↓	↓	↓	↓	↓	↓	↓	↓	↓	↓	↓	↓	↓	↓	↓
贝	狈	贞	贡	员	责	质	贸	费	贵	赏	赛	财	败	贩	赠
ベイ	ベイ	チェン	ゴン	ユエン	ツァー	チー	マオ	フェイ	グェイ	シャン	サイ	ツァイ	バイ	ファン	ヅォン

■ みる〔見〕は「见」(4画)に省略

見	視	現	規	硯	蜆	観	覚	覓	寛	覧	※例外	親
↓	↓	↓	↓	↓	↓	↓	↓	↓	↓	↓		↓
见	视	现	规	砚	蚬	观	觉	觅	宽	览		亲
チエン	シィ	シエン	グィ	イエン	シエン	グヮン	チャオ	チエン	クヮン	ラン		チン

■ なめしがわ〔韋〕は「韦」(4画)に省略

韋	偉	違	葦	囲(圍)	緯	韓	韜	※例外	衛
↓	↓	↓	↓	↓	↓	↓	↓		↓
韦	伟	违	苇	围	纬	韩	韬		卫
ウェイ	ウェイ	ウェイ	ウェイ	ウェイ	ウェイ	ハン	タオ		ウェイ

「邦」や「奉」のパーツになった「丰」なる字が
もとからあったとはいえ、大胆な簡略化である▼

■ ゆたか〔豊・豐〕は「丰」(4画) に省略

豊 (豐) 艶　※例外 鱧 (日本語では「はも」)
↓　　 ↓　　　　　　鱧 (中国語では「ライギョ」)
丰　　艳
フォン　イェン

豐→丰

■ くるま〔車〕は「车」(4画) に省略

車 軌 軍 陣 庫 連 斬 軟 軸 軽 較 載 輔 輩 輸
↓ ↓ ↓ ↓ ↓ ↓ ↓ ↓ ↓ ↓ ↓ ↓ ↓ ↓ ↓
车 轨 军 阵 库 连 斩 软 轴 轻 较 载 辅 辈 输
チョー グェイ チュン チェン クゥ リェン チャン ルァン チョウ チン チャオ ヅァイ フゥ ベイ シュー

■ ひがし〔東〕は「东」(5画) に省略

東 凍 陳 棟　※例外 練 (練)　蘭 欄
↓ ↓ ↓ ↓　　　　↓　　　　↓ ↓
东 冻 陈 栋　　　 练　　　 兰 栏
ドン ドン チェン ドン　　　リェン　　　ラン ラン

■ かねへん〔金〕は「钅」(5画) に省略

釘 針 釣 欽 鈍 鈴 銃 鉄 銅 鋭 錦 鏡　※例外 録
↓ ↓ ↓ ↓ ↓ ↓ ↓ ↓ ↓ ↓ ↓ ↓　　　　↓
钉 针 钓 钦 钝 铃 铳 铁 铜 锐 锦 镜　　　 录
ディン チェン ディャオ チン ドゥン リン チョン ティエ トン ルェイ チン チン　　 ルゥ

■ とり〔鳥〕は「鸟」(5画) に省略

鳥 烏 鳩 鳴 鶏 鴉 鴨 鴻 鶴 鷲 鷹 鷺　※例外 鳳
↓ ↓ ↓ ↓ ↓ ↓ ↓ ↓ ↓ ↓ ↓ ↓　　　　↓
鸟 乌 鸠 鸣 鸡 鸦 鸭 鸿 鹤 鹫 鹰 鹭　　　 凤
ニャオ ウー チゥ ミン チー ヤー ヤー ホン ホー チゥ イン ルゥ　　 フォン

■ おおがい／ページ〔頁〕は「页」(6画) に省略

頁 頂 頃 項 順 須 頓 煩 預 題 額 顔　※例外 類
↓ ↓ ↓ ↓ ↓ ↓ ↓ ↓ ↓ ↓ ↓ ↓　　　　↓
页 顶 顷 项 顺 须 顿 烦 预 题 额 颜　　　 类
イェ ディン チン シャン シュェン シュイ ドゥン ファン ユイ ティ ウー イェン　　レイ

■ は／はへん〔歯・齒〕は「齿」(8画) に省略

齒 齔 嚙 齟 齢 齠 齦 齪 齬 齲 齷　※例外 齣 (こま)
↓ ↓ ↓ ↓ ↓ ↓ ↓ ↓ ↓ ↓ ↓　　　　↓
齿 龀 啮 龃 龄 龆 龈 龊 龉 龋 龌　　　 出
チィ チェン ニエ チュイ リン ティャオ イン チュオ チュイ ウォ　　　チュー

■ さかな／うおへん〔魚〕は「鱼」(8画) に省略

魚 漁 魯 鮮 鮫 鯊 鯉 鯖 鯛 鯨 鰻 鱗　※例外 蘇
↓ ↓ ↓ ↓ ↓ ↓ ↓ ↓ ↓ ↓ ↓ ↓　　　　↓
鱼 渔 鲁 鲜 鲛 鲨 鲤 鲭 鲷 鲸 鳗 鳞　　　 苏
ユイ ユイ ルゥ シェン チャオ シャー リィ チン ディアオ チン マン リン　　スゥ

著者略歴

李 穎（リー・イン／Li Ying）
1976年中国上海市生まれ。香港中国返還の97年来日。1999年東京国際大学商学部に入学。2003年卒業後、同大学大学院商学研究科入学。2005年同大学院修了。好きなものは上海蟹とカラオケ。おもな著書に『はじめての中国語 おもしろ単語帳』（すばる舎）がある。

監修者略歴

楊 為夫（ヤン・ウェイフー／Yang Weifu）
1935年生まれ。北京外国語大学卒業後、中国対外文化友好協会の通訳として5年間活躍。その後、北京第二外国語大学にて語学教師として教壇に立つ。74年来日。2005年まで早稲田大学政治経済学部客員教授を務めた。専攻は現代中国語学。おもな著書に『中国語会話テキスト』（光生館）、『中国語会話110番』『ゼロからカンタン 中国語』（ともに旺文社）、監修書に『トレーニングペーパー中国語』（ニュートンプレス）がある。

カバー＆本文デザイン■一柳 茂（クリエーターズ・ユニオン）
本文組版■ P.WORD
イラスト■山口嗣恭

〔増補改訂版〕やさしい中国語　カタコト会話帳

2016年7月21日　第1刷発行
2019年5月13日　第2刷発行

著　　者――李　穎（リー・イン）
監 修 者――楊　為夫（ヤン・ウェイフー）
発 行 者――德留 慶太郎
発 行 所――株式会社すばる舎
　　　　　　東京都豊島区東池袋3-9-7 東池袋織本ビル（〒170-0013）
　　　　　　　TEL 03-3981-8651（代表）
　　　　　　　　　03-3981-0767（営業部直通）
　　　　　　　FAX 03-3981-8638
　　　　　　　振替 00140-7-116563
印　　刷――株式会社シナノ

落丁・乱丁本はお取り替えいたします
©Li Ying　2016 Printed in Japan
ISBN978-4-7991-0541-2

日本の都道府県名と各庁所在地

自分の出身地を中国語読みで言ってみよう

ナーバー
Nàbà
那覇

チョンション シェン
Chōngshéng xiàn
冲绳县

近畿 (2府5県)

サンチョン シェン Sānchóng xiàn **三重县**	チン Jīn **津**
ズーホー シェン Zīhè xiàn **滋贺县**	ダーチン Dàjīn **大津**
チンドゥ フゥ Jīngdū fǔ **京都府**	チンドゥ Jīngdū **京都**
ナィリャン シェン Nàiliáng xiàn **奈良县**	ナィリャン Nàiliáng **奈良**
ダーバン フゥ Dàbǎn fǔ **大阪府**	ダーバン Dàbǎn **大阪**
ビンクー シェン Bīngkù xiàn **兵库县**	シェンフー Shénhù **神户**
ホーガーシャン シェン Hégēshān xiàn **和歌山县**	ホーガーシャン Hégēshān **和歌山**

中国 (5県)

ニャオチュイ シェン Niǎoqǔ xiàn **鸟取县**	ニャオチュイ Niǎoqǔ **鸟取**
ダオゲン シェン Dǎogēn xiàn **岛根县**	スンチャン Sōngjiāng **松江**
ガンシャン シェン Gāngshān xiàn **冈山县**	ガンシャン Gāngshān **冈山**
グァンダオ シェン Guǎngdǎo xiàn **广岛县**	グァンダオ Guǎngdǎo **广岛**
シャンコウ シェン Shānkǒu xiàn **山口县**	シャンコウ Shānkǒu **山口**

九州 (7県)

フーガン シェン Fúgāng xiàn **福冈县**	フーガン Fúgāng **福冈**
ダーフェン シェン Dàfēn xiàn **大分县**	ダーフェン Dàfēn **大分**
ヅゥオホー シェン Zuǒhè xiàn **佐贺县**	ヅゥオホー Zuǒhè **佐贺**
チャンチー シェン Chángqí xiàn **长崎县**	チャンチー Chángqí **长崎**
シォンベン シェン Xióngběn xiàn **熊本县**	シォンベン Xióngběn **熊本**
ゴンチー シェン Gōngqí xiàn **宫崎县**	ゴンチー Gōngqí **宫崎**
ルーアルダオ シェン Lù'érdǎo xiàn **鹿儿岛县**	ルーアルダオ Lù'érdǎo **鹿儿岛**

四国 (4県)

スンシャン Sōngshān **松山**	ドーダオ Dédǎo **德岛**
アィユェン シェン Àiyuán xiàn **爱媛县**	ドーダオ シェン Dédǎo xiàn **德岛县**
ガオチー Gāozhī **高知**	ガオソン Gāosōng **高松**
ガオチー シェン Gāozhī xiàn **高知县**	シャンチュアン シェン Xiāngchuān xiàn **香川县**